ANNIE BESANT

Présidente de la Société Théosophique

UN ABRÉGÉ DE SA VIE

PAR

AIMÉE BLECH

Avec trois portraits.

SOCIÉTÉ THÉOSOPHIQUE DE FRANCE
4, SQUARE RAPP, PARIS (VIIe)

1918

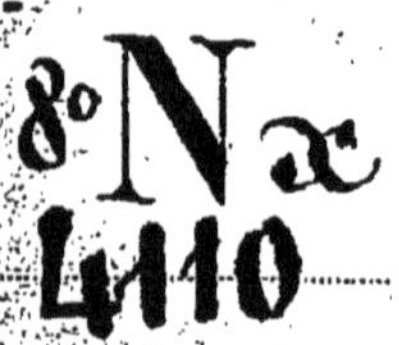

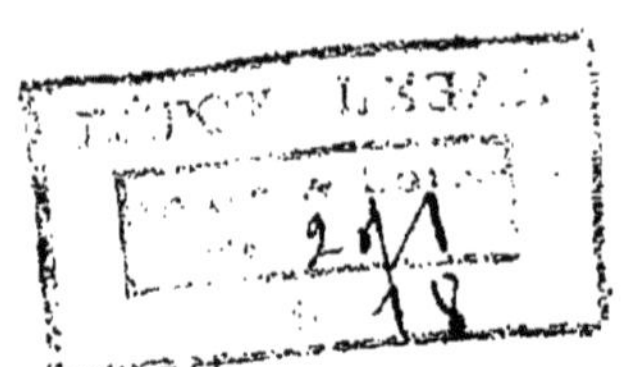

ANNIE BESANT

DU MÊME AUTEUR

A ceux qui souffrent (Quelques points de l'Enseignement théosophique) 1 50

Ombres et Lumières (Contes et Nouvelles théosophiques) 3 50

DEUX ROMANS THÉOSOPHIQUES :

Dette fatale (Lionel Dalsace) 3 50

L'Autre Miracle (A. Blech). Éd. Perrin, 35, quai des Grands-Augustins 3 50

Photo. H. S. Mendelsohn. Londres.

ANNIE BESANT
1885

BIBLIOTHEQUE THÉOSOPHIQUE

ANNIE BESANT

Présidente de la Société Théosophique

UN ABRÉGÉ DE SA VIE

PAR

AIMÉE BLECH

PARIS
PUBLICATIONS THÉOSOPHIQUES
4, SQUARE RAPP

1918

CET OUVRAGE A ÉTÉ IMPRIMÉ

PAR LES SOINS DU COMITÉ

DE PUBLICATIONS THÉOSOPHIQUES, 4, SQUARE RAPP

PRÉFACE

Beaucoup de théosophes ne connaissent pas la vie de notre Présidente, n'ayant pu lire son *Autobiography*. D'autres qui savent l'anglais l'ont lue, mais regrettent de la voir arrêtée au moment palpitant : au début de sa carrière théosophique. D'autres encore ne peuvent comprendre son action politique actuelle, la trouvent inconciliable avec son rôle d'instructeur spirituel, et nous demandent des explications à ce sujet.

J'ai voulu répondre à ces divers desiderata en écrivant cette petite brochure. Je me suis inspirée, pour le faire, d'abord de l'*Autobiography*, ensuite de souvenirs personnels, de renseignements de caractère privé, donnés par l'un ou l'autre des collègues d'Annie Besant; enfin de l'histoire de la Société Théosophique depuis environ vingt années. J'espère n'avoir pas trahi la vérité.

En me servant de l'*Autobiography*, j'ai dû forcément abréger ou supprimer quantité de choses, telles, par exemple, les descriptions et les dissertations concernant la période électorale de Bradlaugh, nos lecteurs français ne s'intéressant peut-être pas beaucoup aux crises de la politique anglaise d'il y a quelque trente ans.

J'ai cherché néanmoins à tirer de cet ouvrage, comme de mes souvenirs, tout ce qui était de nature à leur faire comprendre, apprécier et aimer notre grande Annie Besant.

Puissé-je avoir réussi dans ce très modeste essai, dont on excusera les lacunes.

AIMÉE BLECH.

ANNIE BESANT

1848 à 1898.

C'est toujours une tâche difficile que celle d'illustrer une grande figure contemporaine, car on craint de manquer d'impartialité. C'est néanmoins la tâche que je vais entreprendre en écrivant cette courte biographie d'Annie Besant, présidente de la Société Théosophique, Annie Besant dont l'image se détache, tel un relief saisissant, du cadre étroit où je suis obligée de l'enfermer.

Comme H. P. Blavatsky, quoique à d'autres points de vue, Annie Besant a été passionnément discutée. Admirée et exaltée par les uns, critiquée et calomniée par les autres, incomprise par d'autres encore, elle apparaît, cependant, grande entre toutes les femmes de notre époque.

Et si le présent ne lui rend pas entièrement justice, l'avenir, je n'en doute pas, lui donnera la consécration qu'il donne aux êtres de génie.

Annie Besant, à ceux qui l'ont connue, s'est révélée sous les aspects les plus divers, faisant d'elle la femme la plus complète de son temps. Son front de penseur tient tout à la fois de la science et de la philosophie ; la mystique se dévoile dans son regard d'une profondeur inspirée ; son merveilleux talent d'orateur révèle l'art avec toutes ses nuances, et son sourire a la candeur et la douceur exquise d'un sourire d'enfant. Et, bien que la pensée ait, dans sa vie, une part immense, l'action n'en a pas été exclue. Bien au contraire, la pensée, au lieu de rester stérile, s'est déversée dans des activités incessantes. Avant tout, Annie Besant est femme d'action.

Je donnerai ici, à titre de curiosité, un portrait graphologique fait en 1899 par M. Crépieux-Jamin, graphologue bien connu, portrait tracé d'après une lettre *non signée* de Mme Besant. Vous verrez le *crescendo :*

« L'écriture que j'ai sous les yeux est très douce, facile à lire, claire et sobre, néanmoins très vivante. Elle nous révèle, à n'en pas douter, une intelligence supérieure, très vive, très ouverte. Cette supériorité est faite de clarté, de réflexion, de modération. Le sens imaginatif est développé, mais avec une remarquable sagesse. C'est bien ici qu'il faut parler d'une imagination bien contenue.

« La culture d'esprit est marquée avec assez de force, bien que ce ne soit pas par là que brille le plus cette intelligence. C'est par un bon sens, par un jugement droit, par une harmonie naturelle entre toutes les qualités. Il en résulte qu'indépendamment de sa valeur, Mme X est sympathique et douce. Elle l'est bien plus encore quand on pénètre son caractère moral. En effet, ce n'est pas trop dire que Mme X est d'une haute supériorité morale. Elle est bonne, charitable, enthousiaste pour le bien à faire. Et ces qualités si précieuses sont soutenues par une droiture, une franchise, une sincérité admirables. Nul égoïsme; une nature d'élite, tout à la fois sage et généreuse, avisée, fine et candide.

« Plus le graphologue étudie cette écriture et plus il se sent en face d'une haute valeur morale, faite de toutes les forces d'une grande droiture et d'une nature élevée. Et comme si cette conscience avait noblement visé à la perfection, voici que l'activité, l'ardeur, l'initiative vivifient toutes les qualités que nous avons énumérées. Peut-être devons-nous mentionner une tendance à l'autoritarisme (douce d'ailleurs) ; peut-être aussi signalerons-nous l'énergie comme moindre que l'élan. Mais il y a une constance douce et très persistante, cependant, qui supplée à tout.

« Mme X est encore très simple, gracieuse, avec une sympathie affectueuse, communicative. Il doit être difficile de ne pas l'aimer et l'admirer.

« Et ses défauts? Elle en a certainement : je ne les vois pas; ils sont ruinés, je pense, par sa grande bonne volonté. » (Novembre 1899.)

* * *

Annie Wood naquit à Tours le 1er octobre 1847.

* * *

Nous aimons à imaginer, comme au temps des contes merveilleux, que les fées se rassemblèrent autour du berceau de la frêle créature pour la douer de qualités précieuses. L'une d'elles lui prédit le don de sympathie qui attire et enchaîne les cœurs; une autre, la renommée dans les deux continents; une troisième annonça que l'enfant posséderait des facultés intellectuelles et morales d'un ordre supérieur; une quatrième lui promit l'éloquence,... une éloquence telle que des orateurs, des avocats, des hommes politiques, prendraient place dans son auditoire afin de s'instruire dans l'art de parler; une autre fée, enfin, déclara qu'Annie serait une initiée, que les portes d'or s'ouvriraient devant elle, dévoilant les mystères des mondes invisibles, mystères cachés au commun des mortels.

Puis, comme dans l'histoire de *la Belle au bois dormant*, la méchante fée vint parler à son tour : « Ta vie, enfant, sera une vie de souffrances et de luttes ; tu ne connaîtras pas le repos ; ta barque, sans cesse ballottée sur les flots, poussée çà et là par la tempête, ne pourra jamais entrer au port. Telle sera ta destinée. »

Mais alors que toutes les fées, consternées, regardaient s'éloigner la méchante sorcière, une forme éblouissante apparaissait auprès du berceau, et une voix douce mais pénétrante murmurait : « Cela est vrai, enfant, tu souffriras ! Ta jeunesse et ta maturité éprouveront les pires angoisses ; tu boiras la coupe des grandes amertumes, tu connaîtras la trahison,... les calomnies,... *car ta vie sera celle de l'Initiée.* Mais tu chercheras la vérité, avec tant d'ardeur, tant de foi et tant de persévérance que la vérité t'apparaîtra, déchirant le voile qui recouvrait ta destinée. Et la lumière, inondant ton chemin, enfin tu pourras entrer au Port ! »

*
* *

Malgré les prédictions de la méchante fée, l'enfance d'Annie, tout au moins, fut radieuse comme une belle matinée de printemps. Elle perdit son père et un frère en bas âge, avant d'avoir pu comprendre ce qu'étaient la mort et la souffrance. Son père, d'origine irlandaise, homme très distingué à tous points de vue, fut emporté par une phtysie galopante. Sa mère, d'abord inconsolable, s'attacha étroitement à ses enfants, Annie et son frère aîné, Annie surtout. L'enfant partageait de tout son petit cœur aimant ce culte passionné. Elle vivait dans l'ombre de sa mère, s'accrochant sans cesse à ses jupes, heureuse, extasiée lorsqu'elle pouvait lui tenir la main ou l'embrasser.

Mrs. Wood lui dit un jour : « Ma toute petite, si tu te suspends ainsi à maman, il faut qu'elle cherche une corde pour t'attacher à son tablier. Qu'en penses-tu ? »

Et la petite voix fervente de répondre : « Oh ! oui, maman, et tu feras un nœud pour bien m'attacher. »

* * *

Annie avait une nature tendre, rêveuse, mystique. Elle était un peu visionnaire et croyait aux fées. Elle adorait les légendes, les récits de la Bible, qu'elle se faisait conter à satiété. Avec cela, d'une vivacité, d'une pétulance extrême par moments.

La situation de fortune de Mrs. Wood avait fortement diminué, plus tard elle devint plus précaire encore, par suite de l'incurie d'un homme d'affaires. Obligée de quitter Londres, elle alla s'installer à la campagne, dans une maisonnette couverte de roses grimpantes, entourée d'un beau jardin plein de buissons fleuris et de vieux arbres. Dans un laurier de Portugal, aux branches presque horizontales, l'enfant avait élu domicile. Elle y avait son salon, sa salle d'étude et sa chambre à coucher. C'était là qu'elle rêvait, qu'elle se racontait des histoires, conversait avec les fées, parlait et chantait aux oiseaux; dans ses rêveries elle voyait souvent passer des martyrs et s'identifiait avec eux.

C'est ainsi que s'écoula sa première enfance, heureuse, choyée, à l'abri de toute souffrance..., très ignorante aussi.

***

Lorsqu'elle eut atteint sept ou huit ans, sa mère se rencontra un jour avec une vieille demoiselle qui cherchait une fillette de l'âge de sa nièce, afin de l'associer à ses études. Cette vieille demoiselle était Miss Marryat, la sœur du capitaine Marryat dont les récits ont captivé notre génération. Annie lui plut et elle fit sa proposition à Mrs. Wood qui accepta, avec bien des larmes, de se séparer de son enfant. Il fut donc convenu qu'Annie passerait la plus grande partie de l'année avec Miss Marryat, pour ne revenir chez sa mère qu'à l'époque des vacances.

Là, encore, la vie d'Annie fut heureuse et douce. Elle avait trouvé une éducatrice parfaite. Miss Marryat ne fatiguait pas les petites têtes avec trop de grammaire ou d'arithmétique..., et cependant elle instruisait sans cesse. Elle donnait souvent des *leçons de choses*, cultivant le cœur autant que l'intelligence ; elle obligeait les enfants à observer tout ce qui les entourait ; elle leur apprenait à écrire des récits, des rapports, des compositions. Elle faisait vraiment de l'éducation morale, leur donnant le goût et l'habitude de petits sacrifices, en vue de faire des heureux. Miss Marryat était profondément chrétienne, mais sans étroitesse ; sa foi évangélique se communiqua très vite à Annie qui déjà avait de fortes tendances religieuses et plus que jamais, rêva aux martyrs, aux cachots sombres et aux tortures de l'Inquisition. Pour l'enfant le martyre devenait une vocation.

*
* *

Au printemps de 1861 Miss Marryat se décida à partir pour l'Allemagne. Elle voulait conduire à Dusseldorf un petit neveu qu'elle avait récemment adopté, pour le confier à un oculiste célèbre, l'enfant souffrant de la cataracte. Elle emmenait aussi une fillette qui avait remplacé sa nièce, de retour dans sa famille, et elle demanda à la mère d'Annie si celle-ci ne pouvait être également de la partie.

Annie avait alors près de treize ans ; sa petite compagne d'études était un peu plus âgée. On passa environ trois mois à Bonn. Ce séjour devint un supplice pour « Auntie » (c'est ainsi qu'on appelait Miss Marryat) car les grandes fillettes attiraient l'attention de quelques étudiants et Auntie voyait dans tout admirateur un loup dévorant. De Bonn on retourna en Angleterre pour les vacances, puis les enfants rejoignirent Miss Marryat à Paris, où le temps s'écoula très agréablement à visiter les églises, les musées. Annie aimait l'atmosphère des églises qui avivait encore ses sentiments religieux. Quoique protestante elle pouvait communier avec l'esprit du catholicisme. C'est à Paris qu'elle fit sa première communion avec le révérend Forbes, un pasteur très orthodoxe, que j'ai connu jadis et qui invitait, à des réunions hebdomadaires ou de quinzaines, les élèves de certaines maisons d'éducation *bien pensantes*, pour leur offrir un mélange très anglais de thé, de bible et de prières. Le révérend Forbes avait une particulière vénération pour le Saint Esprit. Il en parlait beaucoup ;

Annie était à l'âge où la ferveur s'exalte singulièrement et c'est de toute son âme qu'elle invoquait le Saint Esprit, sur le conseil du Révérend Forbes.

Après un séjour de sept mois à Paris l'on revint en Angleterre et peu après Miss Marryat déclara à Annie qu'elle lui avait donné, comme éducation et comme instruction, tout ce qu'elle était capable de donner et qu'il lui fallait maintenant retourner chez elle.

La jeune fille avait alors à peine seize ans. Elle reprit donc sa douce existence de tendresse et d'intimité avec cette mère qui l'adorait, mais qui ne compléta guère son instruction.

Dans la petite ville de province qu'elles habitaient il y avait, du reste, fort peu de ressources intellectuelles.

Mrs. Wood pour épargner tout ennui à sa fille, s'occupait de tous les détails de leur existence. Lorsque parfois Annie allait en soirée, c'était sa mère qui l'habillait, qui s'inquiétait de tout, lui épargnant recherches et achats.

Annie s'instruisait par la lecture, mais, à de certains égards demeurait la jeune fille la plus ignorante que l'on put voir ; elle ne connaissait pas la valeur de l'argent et n'avait aucune idée du prix des choses. Par-dessus tout elle était ignorante de la vie et des hommes.

*
* *

C'est avec cette ignorance complète qu'elle prit un billet de la grande loterie qu'on appelle le mariage...

Pourquoi épousa-t-elle le révérend Besant ? Il n'y avait entre eux aucune communauté d'idées, de sentiments, aucune ressemblance de caractères, aucune similitude de goûts.

S'il fut agréé c'est simplement parce qu'Annie, naïvement croyante, crut trouver en ce mari un appui, une aide spirituelle, que surtout elle pensa pouvoir partager son ministère auprès des pauvres et des malheureux, s'imaginant que le Révérend Besant comprenait la grandeur de sa tâche et vivait une vie chrétienne, toute de dévouement et de piété.

Hélas ! quelle brutale déception l'attendait ! Une enfant de vingt ans ne sachant rien du mariage et de la vie, n'ayant aucune notion des droits du mari..., poussée vers un tel homme..., un homme qui du « clergyman » n'avait que le nom !

Franck Besant se révéla presque aussitôt sous son véritable jour : égoïste, sensuel, préoccupé de son confort, plein de préjugés, d'idées étroites, tant sociales que religieuses, sans aucun idéal.

Alors qu'Annie était chrétienne ardente, mystique, sa religion à lui n'était qu'un pur formalisme.

La pauvre Annie fut donc horriblement malheureuse; elle avait cru trouver dans le mariage l'union spirituelle : elle tombait dans l'enfer... La vie conjugale fut bientôt orageuse, pleine de heurts, de chocs douloureux ; Annie fière, indépendante, orgueilleuse,— défauts qui n'avaient pas eu l'occasion de se manifester dans son enfance — Annie se révoltait parfois du joug brutal qui pesait sur elle, et qui se manifestait même par des violences incompatibles avec le ministère du Révérend Besant...

La naissance d'un petit garçon, Walter, fut un rayon de soleil dans cette vie pénible. Le petit garçon fut suivi, un an après, par une petite fille. Penchée sur ces deux berceaux, la jeune mère oubliait ses chagrins, ses révoltes. La petite Mabel était tout son portrait. Malheureusement elle était frêle et faillit mourir par suite d'une coqueluche. Le désespoir de la mère fut profond et cette crise jointe à la déception terrible éprouvée au sujet de son mari, opérèrent une révolution dans son esprit. Un tourbillon envahit son mental. Pour la première fois de sa vie elle douta. Puis sa foi s'effritta lentement; elle ne pouvait plus croire en l'amour d'un Dieu sans compassion pour ses créatures; elle rejeta l'enfer aux peines éternelles, qui lui avait toujours répugné..., elle douta même de la divinité du Christ, son Maître. Ce fut une période d'angoisses terribles. Ainsi qu'elle le dit dans son autobiographie, il n'est pas de plus grande souffrance que de voir s'écrouler toutes ses croyances religieuses.

La petite Mabel guérit cependant, mais les pénibles alarmes qui avaient secoué la mère affectèrent sérieusement sa santé. Annie Besant tomba malade, atteinte d'une fièvre cérébrale. Le vieux médecin qui la soignait avec un dévouement paternel, l'ayant tirée de ce mauvais pas, crut bien faire en lui prêtant des ouvrages scientifiques qui achevèrent l'œuvre des crises qu'elle avait traversées. Annie perdit tout ce qui lui restait de foi chrétienne.

Et c'est alors que, par une nuit d'été, en 1871, après une scène brutale de son mari, se sentant à bout de forces, outragée, désespérée, elle voulut s'endormir à jamais pour s'évader de ce monde de souffrances et de déception. Mais alors qu'elle portait à ses narines un flacon de chloroforme elle entendit clairement et distinctement prononcer ces paroles : « O lâche, lâche, que tu es, toi qui rêvais le martyre et qui ne peut supporter même quelques courtes années de souffrances ! » La honte l'envahit, elle jeta le flacon loin d'elle et résolut de vivre et de trouver la force de vivre auprès de ses enfants

C'est à partir de cette époque aussi qu'elle chercha à voir et à fréquenter divers hommes d'Église, aspirant à une aide spirituelle, cherchant à réveiller sa foi morte. Partout elle ne trouva que des réponses froides, sévères. On lui dit qu'elle blasphémait, qu'elle n'avait pas le droit de chercher, qu'il fallait accepter, sans restrictions, ce que l'Église enseignait. Elle se révolta de plus en plus, discutant avec les autres comme avec elle-même. Une seule fois elle eut à faire avec un esprit libéral, compréhensif, compatissant... mais il était trop tard. Annie Besant était devenue matérialiste. Finalement ses luttes de conscience s'exaspérant, elle résolut de rompre avec l'Église, de rompre avec des traditions dont elle ne voyait plus l'utilité. Un jour elle quitta le temple au moment de la communion, à la grande surprise des fidèles qui crurent, néanmoins, à une indisposition. Le fait se répétant, son mari lui adressa cet ultimatum : — après de nombreuses scènes, est-il besoin de le dire — « Choisissez : ou prendre la communion de mes mains, ou cesser d'être un objet de scandale pour le village et partir ! »

Elle choisit de partir. Auparavant déjà elle souffrait amèrement de recevoir la communion de mains qu'elle savait impures et indignes ; maintenant elle avait perdu la foi. Communier, c'était mentir à sa conscience; c'était faire acte d'hypocrisie. Elle ne pouvait s'y résigner, fière et loyale comme elle l'était.

Il y eut donc une sorte d'arrangement, plus ou moins amiable entre elle et le Révérend Besant. Elle emmena sa petite fille, lui laissant le garçon et alla rejoindre sa mère. La situation de fortune de Mrs. Wood était bien précaire, aussi l'arrivée d'Annie, avec un enfant et sans aucun moyen de subsistance, devait-elle apporter encore de nouvelles complications dans sa vie.

Il est un peu exagéré peut-être d'avoir dit *sans aucun moyen de subsistance*. Annie Besant, depuis quelque temps, s'était découvert un réel talent d'écrivain. Elle envoyait à un « magazine » des contes, des récits qui étaient bien rétribués. Elle continua donc à s'orienter dans cette voie tout en cherchant une place. Cette place elle la trouva chez un vicaire où elle était à la fois gouvernante et garde-malade, où parfois même elle s'occupait du ménage. Ses occupations lui laissant néanmoins un peu de liberté, elle pouvait écrire le soir. Il ne s'agissait plus alors d'œuvres de fantaisie, de contes et de nouvelles, mais d'écrits d'un caractère philosophique ou social, d'articles traitant de libre-pensée.

Plus tard elle quitta cette situation pour s'établir avec sa mère dans un quartier de Londres, car elle avait soif d'indépendance. Ce fut le début de plusieurs années très dures, au point de vue matériel... presque la misère. Souvent elle partait, sans avoir déjeuné, pour travailler au British Museum, laissant croire qu'elle mangerait en route dans quelque « tea room » ; le soir elle rentrait affamée, brisée de fatigue et souvent c'était la tendresse de sa petite Mabel qui lui tenait lieu de dîner. L'enfant était toute sa joie, toute sa consolation...

Mais Annie allait être frappée dans ses plus chères affections : sa mère mourut après une courte maladie. La pauvre femme avait traversé bien des angoisses. Elle était pieuse et l'incroyance de sa fille l'affligeait beaucoup. Lorsqu'elle fut près de sa fin elle déclara que si Annie ne communiait pas avec elle, avant de mourir, elle s'abstiendrait de recevoir la communion, car elle préférait l'enfer, au ciel sans Annie.

Nous voyons alors Annie aller de porte en porte, cherchant un homme d'Église assez libéral, assez compréhensif pour l'autoriser à participer au sacrement, même incroyante, même doutant de la valeur du sacrement. Elle finit par en trouver un, après bien des mécomptes et des réceptions dures. La pauvre mère put donc s'endormir paisiblement...

Annie Besant resta seule avec sa chère petite Mabel, son rayon de soleil. Elle avait néanmoins quelques rares amis qui la réconfortaient, la recevaient chez eux avec sympathie et bonté, lui donnant aussi la nourriture spirituelle dont elle était avide. Mr. et Mrs. Scott étaient parmi les meilleurs.

Elle écrivait plus que jamais et publia des brochures, des pamphlets qui la firent remarquer. Elle entra ainsi en relation avec quelques libres-penseurs qui lui firent connaître Bradlaugh, l'ami qui devait tenir une si grande place dans sa vie militante.

Bradlaugh était un grand journaliste, adoré des classes populaires dont il était le défenseur ardent. Ses capacités d'homme politique étaient appréciées bien plus à l'étranger qu'en Angleterre, où ses opinions le rendaient suspect. Son éloquence était remarquable, mais redoutée, car il l'employait le plus souvent à fustiger toutes les menées de l'orthodoxie, à dévoiler toutes les hypocrisies religieuses de son temps.

Tout de suite une grande amitié unit ceux qui devinrent les champions d'une même Cause. Il y avait entre eux une grande communauté d'idées et de goûts, des rapports de caractère, une même soif du sacrifice — Bradlaugh était l'apôtre de l'athéisme et le fondateur d'un grand journal où il exposait ses théories. Annie Besant adopta avec enthousiasme un certain nombre de celles-là, y ajoutant des points de vue originaux, et collabora activement au « National Reformer ».

*
* *

Qu'était donc cet athéïsme de Bradlaugh ? Ce n'était peut-être pas ce que nous imaginons. Voici ce que cet homme de cœur et de talent écrivait dans le *Free-thinker's text book* (p. 118) : « Il est nécessaire de définir brièvement la position de l'athée, car rien n'a été défiguré avec une telle persistance que cette position. L'athée est *sans Dieu ;* il n'affirme pas qu'il n'existe pas de Dieu. L'athée ne dit pas : Il n'y a pas de Dieu, mais il dit : Je ne sais pas ce que vous entendez par Dieu ; je ne sais ce que peut être Dieu : ce mot pour moi est *un son*, auquel ne répond aucune idée claire, aucune affirmation distincte. Je ne nie pas Dieu, car je ne puis nier ce dont je n'ai aucune conception, et la conception de Dieu, par celui qui l'affirme, est tellement imparfaite qu'il est incapable de la définir. »

Voici ce qu'Annie Besant écrivait en 1874 : « La Divinité doit nécessairement être cette substance unique dont toutes choses sont sorties, obéissant aux lois éternelles de la Nature. Elle doit être ce que Théodore Parker établit ainsi de façon amusante : « La matérialité de la matière, « aussi bien que la spiritualité de l'Esprit

« Matière et esprit doivent être, tous deux, le « produit de cette substance unique... Ainsi nous « identifions la substance avec les forces vivi- « fiantes de la Nature et, ce faisant, nous rédui- « sons tout simplement à l'impossibilité, — « physiquement parlant — l'existence de l'Être « décrit par les orthodoxes comme possédant les « attributs de la personnalité. La Divinité est « identifiée avec la Nature, co-existe avec l'Uni- « vers, mais le Dieu de l'orthodoxe n'existe « plus ; nous pouvons changer la signification « de Dieu, et employer ce mot pour exprimer « une idée différente, mais nous ne pouvons « plus accepter l'idée du Dieu personnel dans le « sens orthodoxe, c'est-à-dire d'un Dieu séparé « du reste de son univers (1). »

Encore ces quelques lignes :

« Je ne crois pas en Dieu. Ma raison ne trouve « pas de base pour y édifier une croyance logique. « Mon cœur se révolte contre le spectre d'une « Puissance indifférente à la douleur d'êtres sen- « sibles. Ma conscience se révolte contre l'injus- « tice, la cruauté, l'inégalité qui m'environnent « de toutes parts. Mais je crois en l'homme..., je « crois dans le pouvoir rédempteur de l'homme ; « je crois en l'énergie rénovatrice de l'homme, je « crois dans le triomphe prochain de l'homme

(1) « Sur la Nature et l'Existence de Dieu » (*On the Nature and Existence of God*).

« par la connaissance, l'amour et le travail (2). »

Dans ces brochures, de très belles conceptions d'ordre moral et philosophique, des idées qui conduisent singulièrement à l'Idéal théosophique. A cette époque déjà, à travers l'épaisse brume de sa destinée, la théosophe se révélait ; des incarnations passées influençaient la personnalité ardente et combattive d'Annie Besant, athée et socialiste, que son culte pour la vérité devait ramener à la Lumière d'antan. Pourquoi a-t-elle dû tant chercher, tant lutter pour retrouver cette lumière ? Son Karma seul pourrait nous le dire.

*
* *

Une grande amitié fut donc cimentée entre Annie Besant et Bradlaugh. Ils travaillaient beaucoup en commun. La collaboration dévouée de la jeune femme fut précieuse pour le journaliste, l'apôtre de l'Athéïsme et de la rénovation sociale, le futur membre du Parlement. Ils se servaient beaucoup aussi de la conférence comme moyen de propagande, à Londres ou en province. Ces conférences n'étaient pas sans danger, en ce temps-là, car dans certaines villes de province l'esprit était arriéré, d'une orthodoxie étroite, les

(2) « Pourquoi je ne crois pas en Dieu » (*Why I do not believe in God*).

préjugés religieux étaient légion. C'est ainsi que les pauvres conférenciers étaient parfois, accueillis..., à coups de pierre. Annie Besant, un jour, fut touchée à la nuque. Malgré toutes ces difficultés elle persévéra dans la voie ardue où elle s'était engagée, se passionnant autant pour les questions sociales que pour cet athéïsme humanitaire. Elle commit alors une erreur qu'elle regretta plus tard, l'erreur d'un cœur généreux, l'erreur qui fit couler beaucoup d'encre à son sujet et lui valut des critiques acerbes, voire même calomnieuses.

*
* *

Annie Besant visitait constamment les milieux populaires, les quartiers de Londres où la misère règne en souveraine. Elle voyait là des choses abominables qui faisaient saigner son cœur, un ramassis de créatures flétries par la débauche et d'ivrognes avilis, vivant dans une promiscuité honteuse. Et, dans ces ambiances répugnantes, ou traînant par les rues, de petits êtres affamés, d'apparence misérables, marqués de tares multiples, condamnés à mourir en bas âge ou à vivre une existence d'infirmités, de souffrances sans nom. Elle voyait ces choses dans toute leur horreur et n'y trouvait pas de remède ; son cœur en était douloureusement et continuellement oppressé.

Un jour il lui tomba entre les mains une brochure traitant de la restriction de la natalité. Annie Besant avait des connaissances scientifiques, notamment en physique, en chimie et en physiologie. Elle lut donc ce pamphlet et, frappée des idées qui s'y trouvaient contenues, le fit lire à Bradlaugh. Tous deux pensèrent que cette théorie était profondément humanitaire, qu'elle pouvait sauver la race au point de vue physique et épargner de cruelles souffrances à ces milieux populaires, si éprouvés déjà par la pauvreté.

Cependant ils ne s'engagèrent pas dans cette propagande d'un caractère spécial sans avoir réfléchi. Ils comprenaient bien le danger qu'il y avait à traiter ouvertement de telles questions, en Angleterre surtout. Annie sentait sa fierté se cabrer en pensant au discrédit qui pouvait ternir son nom sans tache, mais elle voyait là le sauvetage physique de milliers de créatures, et sa conscience sut vaincre son orgueil. Ce ne fut que beaucoup plus tard que Mme Blavatsky lui fit comprendre toute l'étendue de cette erreur et ses graves dangers, lui démontrant que la question d'évolution spirituelle importait beaucoup plus que ce sauvetage superficiel qui n'était en somme qu'un palliatif et que le véritable remède à de tels maux ne ressort pas du plan physique.

Alors seulement, convaincue de l'erreur commise, elle répudia cette doctrine et suspendit la vente de la brochure qu'elle avait écrite à ce sujet. Mais auparavant, décriée, calomniée, elle avait connu des jours amers ; le dernier coup lui fut porté par le Révérend Besant, lequel profitant de la situation, lui reprit sa fille, par l'entremise des tribunaux.

Il est juste de dire, cependant, que plus tard elle obtint pleine réparation ; le juge qui eût à s'occuper de cette affaire reconnut publiquement qu'il y avait, dans la brochure écrite par Annie Besant, des idées très belles, très humanitaires, et que certainement les intentions de l'auteur étaient pures et nobles...

*
* *

J'ai dit qu'Annie Besant ne se contentait pas de soutenir la cause des libres-penseurs par des conférences en faveur de l'Athéïsme. Parler uniquement religion et philosophie ne lui suffisait pas ; elle avait besoin d'action et se dépensa dans mainte œuvre sociale. Partout où la souffrance demande assistance elle fit entendre sa voix, à Londres aussi bien qu'en province. Toutes les douleurs humaines trouvaient un écho dans son cœur ; toutes les injustices éveillaient son indignation vibrante. Elle protesta contre le salaire insuffisant des femmes, l'emploi de celles-ci dans certaines usines ; elle protesta contre l'entassement des masses ouvrières dans des locaux insalubres où femmes et enfants sont employés à des travaux dangereux, tels que fabrication des allumettes, verreries, etc. Elle fit de même en ce qui concernait la politique et c'est ainsi que nous établissons le lien entre l'Annie Besant du passé et celle d'aujourd'hui, celle qui a lancé l'appel : *Wake up India!...* car elle fit entendre sa voix naguère en faveur du Transvaal et de l'Irlande. Elle défendit tous ceux qu'elle considérait comme des opprimés, se rangeant toujours du côté du droit et de la justice...

Annie Besant, pendant ses années de travail et de luttes d'ordre social, se mêlait beaucoup aux classes populaires; on la voyait dans les usines, chez les ouvriers ou les mineurs dont elle partageait parfois le repas. Elle se fit ainsi des amis dans tous ces milieux et acquit la connaissance du cœur humain dans les différentes classes de la Société.

*
* *

Cette campagne sociale n'était pas faite pour plaire au « National Reformer » et Annie Besant fut attaquée, dans le journal même, par un de ses collaborateurs, Mr. W. P. Ball.— Bradlaugh, dont le cœur était si large, si profondément humain, si compréhensif de l'âme du peuple dont il était idolâtré, Bradlaugh n'était point socialiste. Il voyait le socialisme à travers les brumes d'antan, le socialisme des mythes fantaisistes, des théories sans actes, des utopies dangereuses. Il n'avait pas encouragé son élève à suivre cette voie, mais bien plutôt essayé de l'en dissuader..., sans aucun succès, du reste, car elle s'y était lancée avec toute son impétuosité, toute son ardeur : ne voyait-elle pas là le salut de l'humanité souffrante ?

Bradlaugh était un esprit tolérant par-dessus tout. Il se résigna au socialisme militant d'Annie Besant. Peut-être n'eût-il plus la même confiance en son jugement... mais son cœur lui garda un fidèle attachement.

Dans la vie douloureuse et tourmentée de la jeune femme il avait apporté le réconfort profond de son amitié : elle lui en fut toujours passionnément reconnaissante. Le lien qui les unissait était d'une rare élévation morale, aussi ne fut-il pas compris du public ; des critiques, des calomnies qui ne tiennent pas debout quand on connaît Annie Besant, ont circulé, circulent peut-être encore à ce sujet. Il importe peu. De telles amitiés, lorsqu'elles existent entre homme et femme, sont d'une rare beauté, et lorsqu'elles sont belles et pures, elles ne le sont pas à demi.

Bradlaugh, lui aussi, avait été éprouvé par la vie ; — sa femme habitait la province, atteinte d'une maladie mentale — Ses deux charmantes filles, Alice et Hypathie, s'attachèrent beaucoup à Annie Besant.

*
* *

Le moment approchait où la Lumière, tant cherchée, tant souhaitée, devait apparaître pour la noble femme qui fut un grand apôtre de la Théosophie.

Elle s'était liée, pendant sa campagne sociale, avec William Stead, éditeur de la *Pall Mall Gazette*, celui-là même qui devint plus tard spirite et périt dans le naufrage du *Titanic*. Stead était une âme d'élite; il avait les mêmes aspirations et souffrait des mêmes angoisses humanitaires qu'Annie Besant. Un même idéal, une même cause à servir les réunit et ils furent collaborateurs dans la fondation d'une petite feuille populaire et pratique, *The Link*.

Un jour, Stead pria Annie Besant de lui faire, pour la *Pall Mall Gazette*, une analyse de *la Doctrine secrète*, ouvrage capital d'H.-P. Blavatsky...

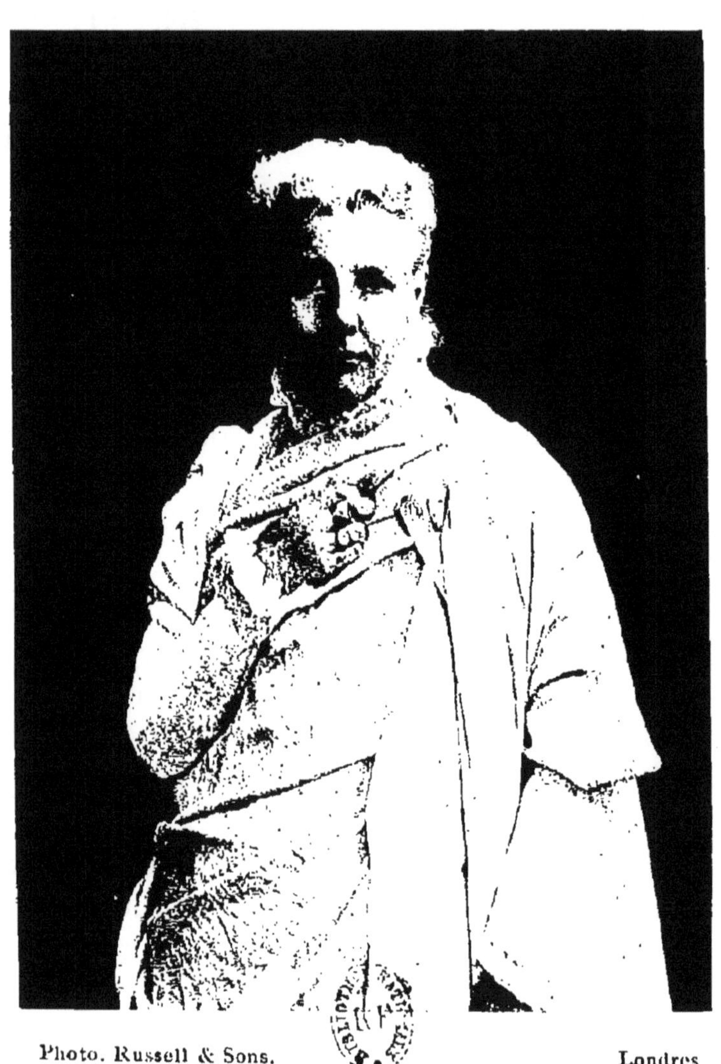

Photo. Russell & Sons. Londres

ANNIE BESANT
entre 1899 et 1904.

*
* *

Il faut dire qu'Annie Besant, avec ses idées larges, son esprit ouvert à toute tentative pouvant améliorer l'humanité, avait eu l'occasion d'explorer les domaines inconnus où la science orthodoxe hésitait encore à s'aventurer.

Les questions de télépathie, d'hypnotisme et de suggestion, les théories concernant la subconscience — alors encore fort vagues — voire même le spiritisme, toutes ces choses avaient retenu son attention un certain temps, sans lui donner toutefois satisfaction complète. Ce n'était pas encore la lumière, mais c'était l'aube qui précède le jour. La lecture de la *Doctrine secrète* fit subitement jaillir la lumière.

... Les heures s'écoulaient, et elle était toujours levée, dévorant l'ouvrage initiateur, chapitre par chapitre. Dans une joie et une exaltation singulières elle lisait, retrouvant dans ces pages une foule de pensées, d'idées latentes en elle et qui maintenant prenaient corps, formant une synthèse merveilleuse, éclairant le Passé, le Présent, illuminant les problèmes de la vie.

« J'étais éblouie, écrit-elle dans son « Autobiography », aveuglée par la lumière qui me montrait, comme faisant partie d'un grand Tout, des faits isolés ou disjoints ; tout ce qui m'avait embarrassée ; tout ce qui me semblait énigme, problèmes à résoudre disparaissait soudain.

« En un sens l'effet produit était illusoire..., le cerveau devant graduellement assimiler les vérités que l'intuition, plus rapide, a saisies. Mais la lumière avait été perçue et dans cet éclair d'illumination je comprenais que c'en était fini de mes pénibles recherches..., que j'avais trouvé enfin la vérité. »

Plus loin elle ajoute :

« De ce premier contact avec la théosophie je retirai plus encore que je n'avais espéré ; et j'avais la certitude de la connaissance qui peut être acquise au moyen de ces doctrines, paraissant aussi vraies que cet éclair d'illumination.

« Maintenant, je sais par expérience personnelle que l'âme existe et que cette âme — non pas mon corps — est moi-même ; qu'elle peut à volonté quitter mon corps ; qu'elle peut, hors du corps, être instruite par des Instructeurs humains et vivants, et rapporter ce qui a été appris, en l'imprimant sur le cerveau physique ; je sais que ce processus de transfert de conscience, d'un état à un autre, est un processus très lent durant lequel le corps et le cerveau sont graduellement mis en corrélation avec la forme subtile qui est essentiellement celle de l'âme, et que mes propres expériences, si imparfaites et fragmentaires lorsqu'on les compare avec celles d'êtres hautement évolués, ressemblent aux premiers efforts d'un enfant qui apprend à parler, par égard à la perfection oratoire d'un grand conférencier. »

Le lendemain de ce jour inoubliable, Annie déclarait à Stead qu'elle voulait voir l'auteur de la *Doctrine secrète*. Elle demanda une entrevue... mais face à face avec Héléna Blavatsky, reprise de timidité et d'une sorte d'orgueil, elle ne dit que des choses banales. Blavatsky, en la reconduisant à la porte, la fixa de son regard étrange et profond, en murmurant d'une voix ardente : « Oh! ma chère madame Besant, si seulement vous vouliez être des nôtres! » Annie Besant hésita, mais son orgueil fut le plus fort ; elle ne répondit à cette question directe que par une phrase courtoise et vague... Elle partit... mais c'était pour revenir, peu de temps après.

Elle ne prit pas de décision sans avoir passé par de cruelles luttes intérieures. Adhérer à la Théosophie c'était renier son passé, sa carrière d'athée et de matérialiste; c'était encourir le blâme de ses meilleurs collègues et compagnons de travail et s'exposer à une scission ; c'était se livrer en pâture au ridicule qui rapetisse tout : c'était, enfin, se séparer de Bradlaugh, ce noble et fidèle ami...

Le combat fut violent, avant son retour à Landowne road, où H.-P. Blavatsky l'attendait pour lui demander, en la fixant de son regard scrutateur : « Avez-vous lu le rapport de la *Société des Recherches psychiques*, qui me concerne ? — Non. — Alors prenez et lisez ; si vous revenez ensuite,... tout sera bien. »

Annie Besant emporta le document et en prit connaissance.

Elle avait « lu jusqu'au fond du clair et honnête regard de la calomniée (1). » Sa nature généreuse et loyale s'indigna.

Elle sentit de quel côté était la vérité. Et le lendemain même elle alla signer sa feuille d'adhésion, puis se rendit chez Blavatsky.

— Vous avez lu le rapport ?

— Oui.

— Vous êtes entrée dans la Société Théosophique ?

— Oui.

— Et alors ?

— Alors ?... Annie Besant, s'agenouillant devant H.-P. Blavatsky, lui prit les mains, la regarda bien en face et lui dit :

— Voici ma réponse. Voulez-vous m'accepter pour élève et m'accorder l'honneur de vous proclamer mon instructeur à la face du monde ?

Des larmes mouillèrent les yeux de Mme Blavatsky. Avec une dignité royale elle posa sa main sur le front de l'aspirante :

(1) An autobiography.

— Vous êtes une noble femme. Que mon Maître vous bénisse!

Cela se passait le 10 mai 1889.

Le 23 juin paraissait dans le *National Reformer* un compte-rendu important de la *Doctrine secrète*. L'auteur y analysait les grandes vérités contenues dans cet ouvrage, non pas comme l'eût fait une admiratrice superficielle, ni un critique expert, mais presque en convertie, en convaincue, avec tout l'enthousiasme d'une néophyte.

En voici un fragment :

« Quelle part l'homme joue-t-il dans ce vaste drame de l'Univers? Il est inutile de le dire : il n'est pas l'unique forme vivante dans un Cosmos la plupart du temps inhabitable pour lui. De même que la Science nous montre des formes vivantes partout dans le monde physique, un monde dans chaque goutte d'eau et la vie palpitant dans chaque feuille, dans chaque brin d'herbe, de même la *Doctrine secrète* nous signale des formes vivantes, sur des plans supérieurs d'existence, chacune appropriée à son entourage; ainsi nous sentons l'espace tout entier frémissant de vie, nous ne trouvons nulle part la mort, mais seulement des transformations. Parmi ces myriades d'êtres il en est qui évoluent en suivant la ligne qui conduit à l'humanité, d'autres évoluent en quittant l'humanité, ainsi que nous le savons, se dépouillant de ses états de matière les plus denses. Car il faut voir en l'homme un être septuple dont quatre principes, appartenant au corps animal, périssent au moment de la mort ou peu après, alors que les trois autres principes forment son être supérieur, sa véritable individualité : ceux-là persistant après la mort. Cette individualité, c'est l'Ego qui passe par maintes incarnations, apprenant les leçons de la vie, travaillant à sa rédemption dans les limites permises par une Loi inexorable, semant les semences dont il recueille toujours la moisson, construisant sa propre destinée avec des doigts infatigables, ne trouvant nulle part autour de lui, dans le temps sans mesure et dans l'espace sans fin, quelque poids qu'il n'ait créé lui-même dans le Passé, quelque fardeau dont il n'ait rassemblé les matériaux, quelque écheveau embrouillé dont il n'ait pas mêlé les fils, quelque gouffre qu'il n'ait pas creusé de ses propres mains.

« Je sais que la conscience, bien loin de dépendre du cerveau, est plus active lorsqu'elle est libérée de son enveloppe de matière dense; que les grands Sages existent... ceux, dont H.-P. Blavatsky a proclamé l'existence, qu'ils possèdent des pouvoirs et une connaissance devant lesquels notre contrôle sur la nature, et notre savoir quant à ses lois, ne sont que des jeux d'enfants. J'ai appris cela et bien plus encore tout en n'étant qu'une élève d'un grade inférieur, suivant la classe enfantine de l'École occulte : et cependant ce premier contact avec la théosophie a été un succès ; mon intuition s'est trouvée justifiée. Le *Sentier de la connaissance*, que je suis, est ouvert à tous ceux qui veulent payer le droit d'entrée, demandé à la porte... et ce droit d'entrée est le renoncement à toute chose par amour pour la vérité spirituelle, ainsi que la bonne volonté de mettre tout ce qui est conquis au service de l'homme, sans en garder une parcelle pour soi. »

Peu après Bradlaugh, répondant à cet article, désavouait, en termes précis, *les nouvelles idées* de Mme Besant, et rendait, quoique avec modération, un jugement nettement défavorable sur la doctrine théosophique.

C'était le glas de mort d'une amitié qui lui avait été si chère, si précieuse...

Une dernière fois, cependant, Annie Besant écrivit dans le *National Reformer* mais c'était pour y annoncer qu'elle exposerait ses idées dans deux conférences publiques, le 4 et le 11 août, sous ce titre : *Pourquoi Je devins Théosophe.*

Elle eut ainsi le courage de renier publiquement l'athéisme et de se déclarer théosophe.

Beaucoup de ses anciens amis étaient présents ; les uns — le plus grand nombre, — se séparèrent d'elle après cette profession de foi ; quelques autres la suivirent dans la voie nouvelle où elle s'engageait et redevinrent ses collaborateurs.

*
* *

Nous avons connu Annie Besant, la chrétienne mystique, Annie Besant athée, puis socialiste. Nous voici devant un nouvel avatar : Annie Besant théosophe.

*
* *

Elle ne fut pas infidèle aux œuvres sociales, par le fait de devenir théosophe. Bien au contraire, puisqu'elle en fonda une, avec l'appui de Mme Blavatsky. Comme auparavant elle se penchait sur les douleurs humaines avec une tendre compassion, mais son cœur était sans révolte. La souffrance d'autrui éveillait toujours en son âme une pitié agissante, mais sans le déchirement d'antan. Elle avait percé le mystère de la souffrance, avec l'aide de son Instructeur. Elle savait quelle en était la source et quel en était le remède. Et, au sortir de la tourmente, elle voyait le port ; elle pressentait « la paix qui dépasse toute compréhension ».

*
* *

Dans le courant de cette même année, Annie

dut aller à Paris avec un de ses collègues socialistes — devenu théosophe lui aussi, — Herbert Burrows, pour assister à un grand congrès du Travail. H. P. Blavatsky se trouvait à cette époque à Fontainebleau, chez la vicomtesse d'Adhémar. Annie Besant y passa deux jours. C'est là que dans la nuit, la solitude et le silence elle eut une joie profonde, inespérée... Pour la première fois son Maître lui apparut... Ce fut une vision inoubliable.

*
* *

L'année suivante, le bail de la maison où habitait H. P. Blavatsky devant expirer, Annie offrit la sienne située, 19, avenue Road. Cette maison suffisamment grande et entourée d'un jardin, où l'on construisit une annexe devant servir de salle de conférences, devint le quartier général de la Société Théosophique en Angleterre. Mme Blavatsky vint y habiter ainsi qu'un certain nombre de ses élèves. Et ce fut une vie théosophique en commun, une sorte de phalanstère.

C'est là que, durant plusieurs années, Annie Besant devait vivre et grandir spirituellement.

Mme Blavatsky quitta son corps physique en 1891. Jusqu'à ce jour Annie vécut dans son intimité, passant la majeure partie de son temps dans le home théosophique, en contact continuel avec elle comme avec les autres élèves de la grande initiée. Il y avait là George Mead qui devait, par la suite, écrire des ouvrages importants au point de vue recherches et érudition ; les deux Keightley, l'oncle et le neveu, ce dernier dont le dévouement à la Cause permit d'éditer *la Doctrine secrète ;* il y avait Laura Cooper et plus tard sa sœur Isabel Cooper Oakley, une étudiante de premier ordre, qui réunit des documents d'un grand intérêt sur les Sociétés secrètes ; il y avait la comtesse Wachtmeister, dont plus tard notre milieu parisien entendit souvent la parole et qui devait consacrer entièrement son temps et sa fortune au travail théosophique ; il y avait Herbert Burrows, l'ancien collaborateur socialiste de Mme Besant, Walter Old et quelques-uns encore que nous n'avons pas connus. Plus tard, s'adjoignit à ce groupe C. W. Leadbeater, prêtre anglican qui se sépara des ordres pour embrasser la Théosophie, et devint l'un de nos meilleurs instructeurs.

Parmi les visiteurs qui affluaient souvent à l'avenue Road, citons : Mr. et Mrs Sinnett ; Mr. Sinnett, premier président de la London Lodge avait eu le privilège, lors d'un séjour prolongé aux Indes, d'être instruit et guidé par les Maîtres de Sagesse. Actuellement il est vice-président de la Société Théosophique.

Citons encore : Miss Arundale, une amie fidèle et sûre de H. P. Blavatsky, ainsi que son petit neveu George ; Maitland et Anna Kingsford, auteur de *la Voie parfaite* ; Mohini Chatterji, un jeune Hindou, qui donnait beaucoup d'espérances ; José Kiffré, un brillant Espagnol, traité en enfant gâté, etc., etc.

*
* *

Le temps ne se passait pas à recevoir des visites, à l'avenue Road. En dehors des réceptions, on y travaillait, on y étudiait sérieusement. Le groupe des élèves qui entourait l'Instructeur était plein de zèle et d'ardeur. Quelques-uns de ses membres — spécialement l'élément féminin — faisait, au début, un peu grise mine à la nouvelle candidate, la trouvant trop socialiste, lui reprochant son passé mouvementé et taxant sa réputation de tapageuse. Cependant, Mme Blavastky lui témoignait une affection particulière, tout en se montrant excessivement sévère,... par système, car plus elle mettait d'espoir dans une individualité, plus elle se montrait rigoureuse, parfois même impitoyable.

La première année que passa Annie Besant à l'avenue Road ne fut donc pas des plus faciles. Cette nature fière, indépendante, fougueuse, assez autoritaire, devait se plier aux exigences du milieu, accepter sans murmures les reproches de H. P. Blavatsky, comme les critiques, les coups d'épingle de quelques-uns de ses élèves... Les efforts qu'elle fit, sa maîtrise parfaite désarmèrent son entourage, et celle qui peut-être, au début, lui témoigna le plus de froideur, fut entièrement conquise par sa patience et sa douceur. Je l'entendis déclarer plus tard que, pendant les neuf années qu'elle avait vécues en contact avec Annie Besant, elle n'avait trouvé rien de mesquin ni d'égoïste — pas une ombre — dans ce caractère loyal et sincère, et qu'elle avait pu assister, au contraire, à l'éclosion d'une admirable spiritualité.

La règle imposée par H. P. Blavatsky à ses disciples était stricte, sévère ; la vie journalière était dure : lever à cinq heures du matin, hiver comme été — en hiver dans une chambre glacée — puis, après une longue méditation ayant pour but de favoriser le développement des facultés intérieures, on se réunissait pour le petit déjeuner ; H. P. Blavatsky répondait ensuite aux questions posées par les uns ou par les autres et l'on travaillait ensemble le reste de la matinée.

Nous avons vu déjà quelles étaient les méthodes employées par l'Instructeur, pour préparer ses élèves au « Sentier », méthode différente selon les individualités, car elle s'attaquait au côté faible de chaque caractère.

Ainsi G. Mead était très orgueilleux, Mme Blavatsky l'humiliait parfois cruellement.

Un jour il lui apporta un travail que, selon ses indications, il avait préparé avec le plus grand soin, effectuant des recherches, à cet effet, dans diverses bibliothèques de Londres,... à peine y jeta-t-elle un coup d'œil avant de le lancer dans la cheminée, où il fut promptement consumé.

Mme Oakley était raffinée, aristocratique de goûts et de tendances, elle n'aimait pas trop à se mêler au *common people* dans les réunions. Blavatsky invariablement la faisait asseoir à côté de gens très ordinaires, et puis, pour l'ennuyer encore davantage, jurait et affichait un sans-gêne déconcertant.

... Et cependant nul ne pouvait être plus aristocratique, plus grande dame que Mme Blavatsky *quand elle le voulait.*

Bertrand Keithley, excellent étudiant et très instruit, avait sa petite vanité. Elle semblait prendre plaisir à le contredire publiquement, en pleine conférence, à le critiquer ou à le railler.

La comtesse Wachtmeister était exacte, ordonnée, méthodique, ayant un soin excessif de la règle et de la propreté. Or, pendant un séjour qu'elle fit chez Mme Blavatsky à Wurzbourg (en Bavière), elle couchait avec cette dernière dans une chambre dont les fenêtres n'étaient *jamais* ouvertes et où Mme Blavatsky fumait continuellement. Aux repas, celle-ci n'arrivait jamais à l'heure, aussi trouvait-elle le dîner brûlé ou desséché ce qui la mettait fort en colère. Souvent même elle remontait dans sa chambre, tandis que la comtesse, après un déluge de reproches immérités, restait seule devant la table servie.

Tout cela était intentionnel. La comtesse en eut la preuve lorsque, quelque temps après, retournant auprès de H. P. Blavatsky, elle trouva des chambres bien aérées, des repas réguliers, une exactitude ponctuelle, et comme elle s'étonnait de ce changement Mme Blavatsky lui dit en souriant : « Vous n'aviez donc pas compris ? »

Pour Annie Besant, l'Instructeur était particulièrement sévère. Annie, après avoir été chef de file, n'était plus là qu'une humble élève, sous le joug d'une discipline sévère. Souvent, lorsqu'elle avait été bien secouée et grondée, elle se sauvait dans sa chambre pour y pleurer à son aise.

*
* *

Lorsque Blavatsky mourut en 1891, Annie Besant lui succéda au point de vue spirituel, le colonel Olcott demeurant président de la Société Théosophique.

Sa vie fut plus errante, alors, qu'au temps

du socialisme militant. Elle fit des conférences dans toute l'Angleterre, voyagea à travers l'Europe, portant partout la parole théosophique avec une force, une clarté, une éloquence remarquables... Donnons également une idée de l'activité de notre présidente, activité infatigable, bien que calme et méthodique. Voici comment sa vie était organisée durant ses séjours à Paris. Elle descendait toujours chez le secrétaire général actuel, où généralement trente à quarante lettres l'attendaient.

A cinq heures du matin elle prenait son bain, suivi, sans doute, d'une longue méditation. Après son petit déjeuner servi dans sa chambre, elle se mettait immédiatement à sa correspondance. A partir de dix heures du matin, elle avait des entrevues (je parle d'une époque assez lointaine : de 1900 à 1910). Chaque visiteur n'avait que dix minutes ou un quart d'heure d'entretien. Cela durait ainsi jusqu'à midi. Court repos au moment du déjeuner, puis elle se remettait immédiatement au travail. On l'apercevait un instant à l'heure du thé, au bénéfice de quelques visiteurs, mais elle ne paraissait pas au dîner, prenant un léger repas avant de se rendre à la salle de conférence. En voiture nous ne lui adressions jamais la parole, car elle aimait à se recueillir et nous savions d'ailleurs, par elle-même, qu'elle avait toujours le « trac » — bien que cette émotion disparût aussitôt qu'elle avait commencé à parler.

Dans ses tournées en Angleterre ou en France, nous l'avons entendu faire souvent jusqu'à trois conférences par jour.

*
* *

Nous avons connu Annie Besant sous des aspects bien différents. Nous l'avons vue conférencière éloquente, parfois dramatique, tenant ses auditeurs sous le magnétisme puissant de son regard, sous le charme de sa parole. Nous l'avons vue femme du monde, pleine d'aisance et de naturel, d'une distinction parfaite ; parfois expansive et gaie, pleine de vie avec son sourire délicieux et le regard candide d'un enfant...

Nous l'avons aussi connue silencieuse, absorbée, et comme enfermée, dans sa tour d'ivoire. Une expression de souffrance était empreinte sur son visage où régnait cependant une grande paix. Certains se plaignaient de sa froideur glaciale. Nous avons compris, plus tard, qu'elle traversait des épreuves d'ordre intérieur. Sur ses épaules, alors déjà, pesait le lourd Karma de l'Humanité.

*
* *

A Bénarès, Annie Besant vivait à *Shanti Kunja*,

cette petite *Maison des Sages*, décrite par Pierre Loti. Elle était entourée de quelques amis et élèves. Le premier secrétaire général de la Section française, le docteur Pascal, passa plusieurs mois bénis dans cette atmosphère spirituelle. Elle vivait une vie de recueillement, de recherches occultes, de travail intérieur. Elle écrivait de nombreux ouvrages. Elle en avait déjà écrit beaucoup à Londres chez ses amies — Mmes Bright — d'anciennes collaboratrices, qui avaient le bonheur de lui donner l'hospitalité. Elle avait même écrit un livre en collaboration avec C. W. Leadbeater dont la ligne d'évolution était différente de la sienne, mais qui fut cependant toujours son plus sûr et plus fidèle ami, Leadbeater, qui, au temps de l'avenue Road, avait également connu et aimé H. P. Blavatsky.

L'intérêt qu'Annie Besant avait toujours porté à l'Inde, à son peuple et à sa philosophie, s'accrut encore pendant ces longs séjours à Bénarès où elle était en contact avec des pandits, des brahmines profondément instruits dans la Science sacrée. Elle connut aussi des rajas et s'en fit des amis, car elle eut besoin d'appui matériel pour l'œuvre qu'elle entreprit et qui avait pour but de rénover la foi religieuse des jeunes hindous, tombés dans l'ignorance ou la superstition.

Elle fit construire ainsi un superbe collège où douze cent étudiants pouvaient apprendre avec les connaissances modernes les plus variées, la nature spirituelle de leur propre religion et les beautés de leurs philosophies. C'était la « doctrine du cœur » à côté de celle « de l'œil ». La construction de cet édifice eut un retentissement dans l'Inde entière ; Mme Besant reçut des encouragements et de l'argent de tous côtés pour mener à bien cette œuvre grandiose. Mais, d'une autre part, elle s'attira la méfiance et l'hostilité des missionnaires catholiques ou protestants qui rêvaient de catéchiser et de christianiser l'Inde. Les missionnaires furent toujours ses ennemis, ne pouvant comprendre sa largeur de vues ou l'interprétant à leur façon, — disons-le à regret, — avec étroitesse et injustice. Pouvaient-ils admettre des paroles telles que celles-ci ?

« Il n'y a pas d'incroyants ; il n'y a pas d'hérétiques pour nous. Qu'est-ce que l'hérésie ? Une autre manière de voir la vérité. Pour nous, théosophes, pour qui toutes les religions sont vraies, il n'y a pas d'hérésies. Il y a *la* Religion et non une religion. Par conséquent nous ne disons jamais aux hommes : « Quittez votre religion pour entrer dans cette autre religion. » Êtes-vous chrétiens ? disons-nous, restez chrétiens, mais des chrétiens spirituels et mystiques ; faites des recherches profondes dans votre religion, trouvez-en la base et les fondements ; ne vous contentez pas de rester à la surface.

« La Théosophie répète les mêmes paroles aux autres religions ; parmi les hindous nous travaillons pour la religion hindoue ; parmi les bouddhistes nous travaillons pour le bouddhisme ; parmi les chrétiens nous travaillons pour le christianisme.

« Pour nous, toutes les religions sont divines ; nous ne voulons que les rendre plus grandes, plus larges, plus spiritualistes, plus véritablement religieuses, en un mot, afin qu'elles reconnaissent comme base commune l'amour de Dieu et l'amour de l'humanité (1). »

Dans ce collège hindou, le « Hindu Central College », il y avait des professeurs théosophes, hindous ou européens. La Théosophie n'y était pas oubliée et, plus tard, quand George Arundale en prit la direction, ce fut chez tous ces jeunes élèves une véritable émulation spirituelle.

Au collège hindou s'adjoignit, quelques années plus tard, une école pour les femmes, qui fut dirigée par miss Arundale, grande amie d'Annie Besant et, elle aussi, ancienne élève de Blavatsky.

L'œuvre sociale d'Annie Besant, pour s'être transplantée dans l'Inde, n'en fut pas moins grande et utile, comme on le voit ici...

(1) « Le But de la Société Théosophique » dans le recueil des Conférences faites à Paris en 1900.

*
* *

La Société Théosophique a traversé plusieurs crises; elle en traversera encore. Que cela ne surprenne personne. La S. T. est un puissant centre de force. Les vibrations qu'elle émet peuvent être employées par les agents du mal tout autant que par ceux du bien. Ces vibrations, si elles exaltent de nobles qualités et développent des pouvoirs spirituels chez quelques uns de ses membres, chez d'autres elles intensifient des défauts, excitent de l'antagonisme, des jalousies.

Parmi nous il y a les amitiés idéales, qui se reconnaissent pour avoir collaboré à la grande Œuvre dans les siècles passés; il y a des inimitiés, de vieilles hostilités qui se réveillent brusquement. Parfois aussi ces hostilités du passé ne se raniment pas tout de suite. Elles peuvent dormir quelque temps, voilées par une admiration fanatique ou une attraction magnétique.

Des liens se créent et se dénouent; des amitiés fleurissent pour un temps, remplacées par d'autres amitiés qui, alors, semblent les seules durables; des idoles sont élevées sur un piédestal, puis renversées aussi rapidement qu'elles avaient été érigées, et les adorateurs aveugles d'antan se transforment en accusateurs;... cependant, le plus souvent, ces pauvres idoles n'avaient sollicité aucun culte...

En vérité, la Société Théosophique est un champ d'expériences tel qu'on en voit peu ici-bas. Cela dit, non pour effrayer les esprits pondérés et équilibrés, mais pour servir d'avertissement à ceux qui pourraient voir dans notre Société une sorte de Dévakhan extatique.

Mais à ceux qui ne manquent pas de force et de persévérance, à ceux qui sont capables d'abnégation, à ceux qui ont soif de se dévouer, je dirai : Venez à nous sans crainte ; la Société Théosophique a ses petits côtés car elle est humaine, mais elle est grande par elle-même, car elle touche au divin ; car elle est un instrument dont se servent les Maîtres pour répandre la lumière dans le monde. Elle est le canal où leur vie peut s'épancher.

Et pour nous, théosophes, il ne peut y avoir de champ de travail plus fécond, d'école plus instructive et plus captivante...

* * *

L'élection d'Annie Besant comme Présidente de la Société Théosophique fut précédée de l'une de ces crises dont je viens de parler...

Le Président fondateur, le colonel Olcott, terrassé par l'âge et par la maladie, se mourait dans sa belle résidence d'Adyar, le quartier général mondial de la Société. Le colonel était une personnalité très attachante bien que déconcertante parfois, à un point de vue superficiel. Son entrain, sa vivacité, ses manières familières, où dominaient l'humour et la jovialité, laissaient dans l'ombre, parfois, de hautes qualités morales telles que sa sincérité, son dévouement admirable aux Maîtres et à la Cause qu'il servait, à la Cause à laquelle il avait tout donné : son temps, ses énergies, sa vie et sa fortune entière. Son esprit de justice et d'impartialité, à côté d'autres qualités marquantes, en faisait un chef dans toute l'acception du mot. Ayant entre les mains les rênes de toutes les Sociétés nationales de Théosophie il sut comprendre leurs idiosyncrasies diverses, menant son attelage avec une main sûre, une réelle intelligence et, ce qui ne gâte rien, beaucoup de bon sens.

Le vieux camarade de Blavatsky avait fait, en 1906, sa dernière tournée européenne, couronnée par le Congrès de Paris qu'il avait dignement présidé.

Les Congrès théosophiques, qui réunissaient les sociétaires appartenant aux pays les plus distants les uns des autres, ont été inaugurés en 1904, en Hollande, pour se répéter annuellement jusqu'en 1906, puis tous les deux ans seulement. Nous en avons eu six en l'espace de dix ans. Inutile de faire l'apologie de ces congrès. On comprendra leur raison d'être. La présence de théosophes appartenant à presque tous les pays du monde, dans un but de fraternité, donnait un caractère tout spécial à ce groupement. Et dans cette moderne tour de Babel, une seule et même croyance, un commun idéal servi avec enthousiasme, — par là une atmosphère d'un magnétisme électrisant ; — la présentation de travaux d'un grand intérêt ; des conférences admirables, dont Annie Besant surtout faisait les frais ; sans oublier des manifestations artistiques souvent fort belles, voilà les bénéfices que nous pouvions en retirer.

Au Congrès de Paris (1906) qui, certes, ne fut pas l'un des moins réussis, on vit pour la dernière fois le vaillant Président. Il y fut pris d'une indisposition subite qui s'atténua puis récidiva. De retour à Adyar il dut bientôt s'aliter. Sa mort, qui eut lieu en 1907, fut paisible et douce. Il était entouré de soins et de tendresses filiale par quelques uns de nos membres, entre autres Mme Russak et il vit à son chevet notre Présidente qui fit le long voyage de Bénarès à Madras pour fermer les yeux de son vieil ami. Peu auparavant il avait eu la grande joie de revoir, étant encore dans son corps physique, le Maître qu'il avait servi si fidèlement...

Cependant il fallait songer à un successeur.

Quel pouvait être ce successeur ? La grande majorité des sociétaires pensait à Mme Besant. Un certain nombre de membres, néanmoins, étaient absolument hostiles à cette candidature ; les uns par principe, trouvant que le pouvoir temporel ne pouvait s'allier au pouvoir spirituel ; les autres par un esprit de mécontentement, de combativité, de rancune ou d'hostilité envers celle qui, cependant, leur avait apporté tant de lumière et de bénédictions...

Annie Besant avait des opposants,... je n'ose dire des ennemis... au sein même de la Société. Plusieurs de ses anciens amis et collègues se liguèrent contre elle et, durant plusieurs années, avant son élection, elle eut à faire face à des difficultés d'ordre intérieur. Aux attaques, aux critiques amères elle répondait toujours par la bienveillance, par la bonté. Elle était trop grande pour s'offenser de questions purement personnelles et ne savait pas garder rancune. Nous l'avons vue, en plusieurs occasions, signaler les bons côtés, les qualités de ceux qui la dénigraient, leur rendant toujours justice quand elle pouvait le faire (1).

(1) A Adyar, en 1912, lors d'un procès intenté à A. Besant par un membre hindou dont elle avait légalement adopté deux enfants et qui voulut, par la suite, les lui reprendre, une de nos sociétaires de Paris, présente aux débats et assise en face de Mme Besant, vit son regard, fixé sur un autre hindou qui déposait contre elle. Ce regard était chargé de tant de pitié, de

Elle ne songeait nullement à elle-même comme successeur du colonel Olcott. Au contraire, avec quelques-uns de ses collègues elle était prête à appuyer la candidature d'un ancien théosophe, élève de Blavatsky. Celui-ci, sans doute, avait de très grandes qualités, mais ainsi que bien d'autres, il s'imaginait que la Société Théosophique n'arriverait pas à occuper une grande place dans le monde si elle ne faisait alliance avec la Science moderne. Par là toutes sortes de concessions, de faiblesses ; déjà on n'osait plus parler des débuts de la Société, lorsqu'avec H. P. Blavatsky, se produisirent tant d'étranges phénomènes ;... on n'osait plus parler de l'intervention des Maîtres... la Science moderne se serait hérissée. Gouvernée avec cet esprit d'exclusivisme, la Société Théosophique risquait de devenir purement une Société de philosophie et de morale, alors qu'elle doit être une sorte de canal entre le ciel et la terre, un instrument dont les Maîtres se servent pour répandre leur lumière dans le monde.

Une intervention occulte se produisit avant la mort du colonel, et celui-ci désigna Annie Besant comme devant être son successeur. — La campagne organisée contre elle n'eût aucun succès ;

douceur et de pure affection que notre amie en fut suffoquée : plus tard en contant ce fait elle ajoutait naïvement : « Cette femme est une géante. »

elle fut élue, quelques mois après, à une très grande majorité. La plupart des mécontents quittèrent la Société en faisant grand bruit et en prédisant son écroulement prochain.

Cette prophétie était bien imprudente. L'un des Maîtres n'avait-il pas dit, à peu près dans ces termes : « N'y aurait-il dans la S. T. que dix théosophes dignes de porter ce nom nous ne nous en retirerons pas. »

La Société Théosophique ne fut jamais plus florissante que dans les première années de la présidence Annie Besant. Les adhésions y affluèrent ; les branches (1) s'y multiplièrent ; un grand nombre d'activités de tout caractère y prirent naissance. La Présidente, infatigable, portait, dans toutes les parties du monde, la parole théosophique et son rayonnement attirait tous les cœurs. Cette femme au regard profond et pénétrant, auréolée d'une chevelure argentée, toujours vêtue de blanc lorsqu'elle parlait en public, faisait une impression inoubliable. Elle semblait lire dans la pensée de ses auditeurs ; souvent elle répliquait à une objection formulée mentalement. Et il y avait une telle sincérité, une telle noble autorité dans ses paroles que

(1) Groupements d'étudiants au sein des Sociétés nationales. Ces groupements ne doivent pas réunir moins de sept personnes, mais peuvent aller jusqu'à cent et davantage. Sept branches, dans un pays, peuvent s'entendre pour créer une Société nationale.

même les sceptiques l'écoutaient avec respect.

Annie Besant est un orateur merveilleux, d'une puissance dont on ne peut se rendre compte si on ne l'a entendu parler devant un auditoire anglais. Cependant, en France où elle vint d'abord chaque année, puis tous les deux ans, elle acquit aussi cette réputation. Elle parlait le français avec facilité, trouvant toujours l'expression juste, ayant parfois de superbes envolées. Nous n'oublierons jamais la soirée mémorable où elle parla sur Giordano Bruno, à la Sorbonne, devant un auditoire de quatre à cinq mille personnes. C'était le 15 juin 1911. Lorsqu'elle pénétra dans l'enceinte, la salle entière se leva, comme mûe par un élan irrésistible de sympathie et de respect. Pendant la conférence le silence était parfait et la péroraison fut accueillie avec des applaudissements frénétiques. Tel est l'ascendant que cette noble femme exerce sur la foule par son magnétisme pénétrant, la sincérité, la conviction qui la transfigurent, par une force spirituelle qui impose le respect... Ensuite les doutes, les critiques peuvent se donner libre jeu..., mais, en sa présence, on ne peut guère qu'acquiescer et admirer...

*
* *

Cependant cette paix, cette bonne entente devaient être troublées par une crise d'un autre caractère. Je veux parler de la scission qui eut lieu en 1913 avec la Société nationale allemande, guidée par le docteur Rudolf Steiner.

Déjà plusieurs crises dans la Société Théosophique avaient amené des scissions plus ou moins importantes. La première à laquelle Annie Besant assista fut causée par l'affaire Judge. Un grand nombre de membres, la plupart d'Amérique, se séparèrent des nôtres pour fonder la « Universal Brotherhood », société dirigée par Judge d'abord, puis par son élève Mrs. Tingley (1).

En 1906, il y avait eu l'affaire Leadbeater qui ne saurait être jugée impartialement aujourd'hui encore, tant il y eut de machinations ourdies et de calomnies répandues contre un Instructeur auquel nous devons beaucoup d'affection et de gratitude.

Un certain nombre de membres quittèrent nos rangs à cette époque, mais ce fut une minorité.

En 1907, avec l'élection d'Annie Besant, nouvelle crise, expliquée plus haut.

Enfin, en 1913, scission considérable : la Société nationale allemande entière — sauf un tout petit groupe de fidèles — et de nombreux sociétaires appartenant, en grande partie, à la Scandinavie,

(1) Cette crise se trouve expliquée en détails dans une brochure de la comtesse Wachmeister, *The Case against Judge*.

à la Hollande, à la Russie, à la Suisse, un nombre plutôt restreint de Français — se séparèrent à grand bruit de la Société mère, pour fonder la *Société Anthroposophique* dont le quartier général fut édifié en Suisse, à Dornach, près de Bâle.

*
* *

Le docteur Steiner était entré dans la Société Théosophique en 1902. Nous l'avons vu pour la première fois à un Congrès national de Londres, en 1902. Il était l'hôte de Bertram Keightley, chez qui nous séjournions également et semblait vivement s'intéresser à la théosophie. Les soirées se prolongeaient fort tard, car il était aussi avide de poser des questions que M. Keightley disposé à y répondre. Peu après il fut nommé secrétaire général de la Société Théosophique allemande, bien petite et faible au début, matériellement parlant, et qui eut besoin de l'aide pécuniaire de l'Angleterre et de la France.

Mais les choses devaient changer rapidement d'aspect. Le docteur Steiner était une personnalité remarquable au point de vue intellectuel et psychique. Il acquit rapidement certaines facultés d'ordre occulte. Son développement intellectuel, son érudition philosophique, qui était considérable, sa facilité de paroles et un pouvoir magnétique qu'il savait fort bien employer, lui attirèrent bientôt l'adoration fanatique de ses membres allemands. D'une grande activité et voyageant d'un bout à l'autre de l'Allemagne, sa propagande détermina une augmentation croissante et rapide des sociétaires. Il avait germanisé la théosophie, si l'on peut dire ainsi, l'avait transformée en y ajoutant ses propres idées, le résultat de ses recherches personnelles. C'était une théosophie plutôt nébuleuse pour l'esprit français, avide de précision et de clarté, mais elle convenait aux Allemands qui, disait le docteur Steiner lui-même, sont fiers de leur passé philosophique et n'auraient pas accueilli volontiers une théosophie provenant des Indes ou de l'Angleterre.

Bientôt Rudolf Steiner ne s'en tint plus à sa propagande nationale. Il parcourut les divers pays où nous avions des sections et y fit une propagande « kolossale » par des conférences, par des entrevues particulières qu'il ne refusait jamais. Il était suivi partout d'un groupe d'adorateurs qui lui avaient voué un véritable culte et dans les cercles steinériens on parlait couramment de lui comme d'un très grand Être dont Annie Besant n'avait été que le Jean-Baptiste.

Une séparation morale se produisit, bien avant la scission effective..., ce fut l'affaire de plusieurs années. Les disciples du docteur Steiner faisaient une propagande acharnée en faveur de leur maître et croyaient le rehausser en dénigrant notre Présidente. Les disciples d'Annie Besant, indignés, considéraient le docteur Steiner comme un usurpateur, comme un grand ambitieux, pressentant qu'un jour il chercherait à la supplanter comme chef temporel et spirituel de la Société Théosophique.

Enfin, en 1913, la rupture se produisit à la suite d'un télégramme comminatoire envoyé, par le Conseil fédéral de la Société allemande, à Adyar, pour demander la déposition d'Annie Besant comme Présidente.

Ce télégramme ayant été accueilli comme il méritait de l'être, c'est-à-dire par le retrait de sa Charte à la Société nationale allemande, les Allemands se séparèrent en masse de la Société mère, entraînant avec eux des théosophes de diverses contrées pour former la Société anthroposophique. Un très petit noyau, en Allemagne, demeurait attaché à la Société mère.

Le Congrès de Stockholm qui suivit cette rupture, à quelques mois près, vit se grouper autour de leur Présidente aimée, tous les cœurs fidèles qui lui avaient donné leur confiance depuis de longues années. Dans un entourage pittoresque et charmant ce congrès eut une atmosphère exquise de paix, de cordialité, de fraternité. On respirait à pleins poumons ; l'orage s'était dissipé. Les captivantes réunions d'étude et les activités sociales, qui n'avaient jamais été interrompues, allaient reprendre un nouvel essor. Il semblait à tous qu'une vie spirituelle intense se répandait sur la Société Théosophique pour être déversée dans le monde, et que le canal de cette vie était plus que jamais sa Présidente.

Hélas! on ne prévoyait pas l'orage effrayant suspendu déjà au-dessus de nos têtes,... la guerre, la crise mondiale qui devait être un si formidable règlement de comptes pour une grande partie de notre humanité.

*
* *

Il est certain que la scission Steiner fut une bénédiction. L'occultiste était doublé d'un pangermaniste dangereux. Admettons un instant qu'il fût parvenu à la présidence de la Société Théosophique, il y trouvait des moyens d'action et une influence beaucoup plus considérables à exercer dans presque tous les pays du monde. Il pouvait librement et avec autorité y poursuivre sa politique pangermaniste. Et il l'aurait fait, selon toute probabilité. Ceux qui ont eu l'occasion de parcourir une mystérieuse petite brochure, éditée pour être répandue seulement en Allemagne et dans la Suisse allemande, ont été édifiés à cet égard. Car on y voit la glorification de la grande Allemagne, victorieuse après une

Photo. Kirtikar. Bombay

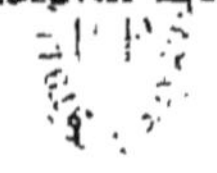

ANNIE BESANT

1916

guerre *suscitée par les ennemis ;* car on y lit en toutes lettres, que le militarisme allemand est une force spirituelle.

Il faut ajouter ceci : la rupture de la Société mère avec l'Allemagne, ayant eu lieu un an et demi avant la guerre, nous épargna la pénible nécessité d'une séparation, au début de cette grande crise mondiale.

Quelle fut l'attitude de notre Présidente vis-à-vis de ce collègue qui chercha d'abord, dans des cercles intimes, à diminuer son prestige, et puis voulut la supplanter ? Son attitude fut toujours celle d'une très grande tolérance, d'une courtoisie parfaite. Elle lui reconnaissait une haute valeur intellectuelle, une rare culture philosophique ; elle appréciait tout ce qu'il avait de beau et d'élevé, et... ne parlait pas du reste. Elle recommandait sans cesse la tolérance, la patience à ses disciples, qui, « plus royalistes que le roi » s'énervaient des agissements de la Section allemande. En cela elle suivait tout simplement sa règle de conduite habituelle.

*
* *

Depuis son élection à la présidence, Annie Besant avait quitté sa petite *Maison des Sages* pour vivre à Adyar, au grand quartier général de la Société Théosophique. Cette résidence se composait de constructions hindoues d'un véritable goût artistique, disséminées dans un parc immense et merveilleux, bordé par la rivière et par la mer. Toutes les activités y étaient représentées. Il y avait des salles de réception, d'étude et de conférences, une maison d'édition, une bibliothèque considérable comprenant des ouvrages de la plus grande valeur et des manuscrits inédits, amassés par le colonel Oecott au cours de ses voyages mondiaux. Il y avait de nombreuses maisons d'habitation pour les volontaires qui avaient donné leur vie et leur temps au travail théosophique, comme pour les étudiants venant s'instruire à la source de la Science sacrée. Le climat, très chaud, était supportable jusqu'en été; l'hiver il y faisait délicieux. Après le repas du soir, instructeurs et étudiants se réunissaient sur le toit, formant terrasse, de la construction principale, le siège même de la Société. Là, groupés autour de Mme Besant et de son collègue C. W. Leadbeater, ils posaient des questions ou écoutaient le résultat de recherches d'un caractère occulte, effectuées par nos Instructeurs. Ils entendaient parler des Maîtres de Sagesse dans une atmosphère spirituelle où l'on respirait leur présence. Et dans ce merveilleux ciel d'Orient les étoiles scintillantes s'allumaient une à une... à moins que la lune n'envoyât sa paisible lumière éclairer les blancheurs de la terrasse, caressant les cheveux argentés de celle qui guidait d'une main si sûre les destinées de la Société Théosophique, le bon sourire de son frère Leadbeater et le regard attentif et charmé des nombreux auditeurs.

A beaucoup, cette vie a laissé le souvenir inoubliable d'un petit paradis... L'Amérique, l'Australie, toutes les Sociétés nationales européennes y étaient représentées par des travailleurs et des étudiants. Parmi les membres de la Section française qui y séjournèrent depuis la Présidence Annie Besant je citerai son secrétaire général actuel Charles Blech, M. A. Ostermann, Mmes Z. Blech, Bayer de Bruyn, Mlles Bayer, Bermond et Cruz. Un petit recueil de lettres de cette dernière a été édité après sa mort, lettres exquises de charme et de fine psychologie, nous apportant comme le parfum subtil d'Adyar.

* * *

Notre Présidente revint en Europe au printemps de 1914, mais pour n'y rester qu'un court espace de temps. Nous la vîmes donc à Londres et à Paris, rayonnante de force calme, de beauté spirituelle. Sa parole avait plus d'autorité que jamais,... on la sentait encore grandie...

Hélas! nous étions au seuil de « l'année terrible ». Dans son livre *le Monde de demain*, Annie Besant nous avait déjà fait prévoir les bouleversements qui devaient accompagner la fin de notre sous-race... Mais qui pouvait prévoir que l'épée de Damoclès suspendue au-dessus de nos têtes, était sur le point de tomber, pour creuser un sillon sanglant dans le sol ?Qui pouvait prévoir que les nuages amoncelés dans le ciel étaient si près de crever, entraînant un déluge de sang, de gaz empoisonnés, de liquides enflammés?... Qui pouvait se douter des souffrances multiples réservées à tous les règnes de la nature,... car cette guerre, sans précédent, n'a rien épargné ici-bas.

Dès le début, l'attitude de la Société Théosophique fut nettement patriotique. Un petit nombre de sociétaires peut-être hésitaient à prendre les armes, craignant de pécher contre la fraternité, le premier but de la Société. La parole de notre Présidente était faite pour les rassurer, pour les inciter à prendre part au grand sacrifice. Cette guerre n'était pas autre chose, ne pouvait être autre chose, *de la part des Alliés*, qu'une croisade en faveur du Droit, de la Justice. Elle écrivait dans la *Theosofist*, la revue présidentielle, en novembre 1914 :

« Parce qu'il en est ainsi, parce que le sort de l'âge proche du monde dépend du choix fait maintenant par les nations, j'en appelle à tous ceux qui sont assermentés à la Fraternité universelle, aux théosophes du monde entier, pour qu'ils se mettent avec le Droit contre le Pouvoir, avec la Loi contre la Force, avec la Liberté contre l'Esclavage, avec la Fraternité contre la Tyrannie. »

Et, en décembre 1915, à la convention elle dit :

« Il y a toujours guerre au ciel aussi bien que sur la terre, durant ces luttes qui décident du sort d'un monde, pour des milliers d'années.

« Nous appelons les grands Êtres qui combattent pour la victoire de la Volonté divine dans l'Évolution et sont eux-mêmes l'incarnation d'une partie de cette Volonté : la *Hiérarchie occulte*, *les Gardiens de l'Humanité*. Nous appelons les êtres surhumains qui luttent contre elle et voudraient sauvegarder les habitudes vieilles et usées devenues dangereuses : *les Forces noires*, et selon la poétique appellation orientale, les Seigneurs de la Face noire. Les deux côtés sont à l'œuvre et, à travers les hommes, éclatent leurs triomphes et leurs défaites, ombres, sur notre terre, des événements de l'invisible. Car c'est le destin de l'Humanité qui est en jeu, c'est le jour du jugement pour notre Race.

« C'est parce que la guerre est l'ombre d'une semblable lutte dans les mondes supérieurs, qu'aucun occultiste ne peut rester neutre, mais doit consacrer toute la puissance qu'il possède à l'un ou à l'autre côté. Être neutre, c'est être traître. En ce moment, dans cette formidable lutte, les Empires du Centre sont les pions employés par les Êtres qui suivent les Seigneurs de la Face noire. Ils incarnent l'autocratie, le militarisme, anachronismes prêts à disparaître, pour lesquels il n'y a pas de place dans l'Ère de l'avenir. « Vous les reconnaîtrez à leurs « fruits. » Non par les actes isolés d'un petit nombre de soldats, ivres de sang et de débauche, mais par l'emploi ordonné de « la destruction », choisie délibérément et appliquée sans pitié ; par une manière de faire la guerre appartenant à un passé lointain et abandonnée de toutes les nations civilisées. C'est un retour à des cruautés depuis longtemps disparues. A ceci nous les reconnaissons comme les instruments des Seigneurs des ténèbres et les occultistes noirs travaillent à leurs côtés. Ils ont élevé la haine au rang de vertu nationale...

« Quant à nous qui sommes les serviteurs de la grande Confrérie blanche, qui regardons l'amour comme la vertu suprême, et qui cherchons à faire partie de l'âge futur de fraternité et de coopération, nous ne pouvons mieux faire que de suivre les Gardiens de l'Humanité, que de travailler pour le triomphe des Alliés qui représentent le droit contre la force, l'humanité contre la sauvagerie. La Société Théosophique, la Société de la Sagesse divine, fondée par le messager de la grande Fraternité dans ce monde, doit se mettre du côté qui représente la Volonté divine, du côté où combattent les Seigneurs de Lumière.

« Peut-être, agissant ainsi, perdrons-nous les membres qui nous restent dans les Empires du Centre, une fois la guerre et ses horreurs passées, mais mieux vaut perdre nos membres que la bénédiction de la grande Confrérie blanche, mieux vaut mourir fidèle au droit, que nous joindre à l'association du Mal. »

* * *

Depuis que la grande Guerre ravage nos contrées, Annie Besant n'a pu revenir en Europe, mais sa vie sociale aux Indes fut d'une activité dévorante. J'ai déjà dit tout ce qu'elle avait fait pour ce peuple, cherchant par ses enseignements à spiritualiser et à vivifier l'hindouisme que tant de superstitions affaiblissaient et dénaturaient, construisant le superbe collège de Bénarès où douze cents étudiants pouvaient recevoir une culture étendue et une direction spirituelle ; installant une école de filles, etc... J'ai signalé également le dépit des missionnaires catholiques ou protestants qui voyaient leur propagande entravée par ce réveil religieux. J'ajouterai qu'elle s'attira de même la haine des orthodoxes hindous, en combattant le système des castes, utile à la période de l'enfance de l'humanité, injuste et dangereux à l'époque actuelle. Elle flétrit aussi, de toute son autorité, le mariage des enfants qui, bien que non consommé, condamne la petite épouse à une vie de veuvage et de domesticité dans la famille de son mari... — Mais ce n'est pas tout : Elle devait froisser jusqu'à ses compatriotes en prenant hautement le parti de l'Inde et en réveillant le sentiment national de ce grand pays, endormi dans la fatigue des temps.

Quel a été donc le rôle politique d'Annie Besant dans l'Inde, ce rôle qui lui a valu des ovations enthousiastes, une gratitude profonde d'un côté, et d'amères critiques, voire même des sanctions pénales d'un autre ?

*
* *

J'ai dit plus haut qu'Annie Besant avait, par « auto-hérédité (1) » si je puis m'exprimer ainsi, un profond attachement pour l'Inde. Son rêve fut d'unir l'Inde à l'Angleterre par le seul lien qui compte vraiment, qui peut être durable : la sympathie.

Dans ce but et pour apprendre à Anglais et Hindous à s'apprécier mutuellement, elle mit en œuvre tout son talent, toute son autorité, toute sa fougue d'orateur. En Angleterre elle

(1) Elle avait eu plusieurs incarnations dans l'Inde, entre autres la dernière.

parlait de l'Inde, de cette contrée magique, aux richesses accumulées, au ciel merveilleux... mais ce qu'elle révélait surtout, c'était l'Inde inconnue dont Rudyard Kipling avait dévoilé l'âme, dont Max Muller avait enseigné les hautes philosophies;... Annie Besant fit connaître l'Inde spirituelle, l'Inde messagère de la Sagesse divine.

Mais son amour pour l'Inde ne lui faisait pas oublier l'Angleterre, quoi qu'on dise. Elle fut extrêmement loyaliste, cherchant à faire comprendre et respecter la grande nation à laquelle elle attribuait un rôle si noble dans la destinée future des Nations.

Ses efforts n'aboutirent pas au succès qu'elle espérait. Anglais et Hindous l'écoutèrent plutôt en dilettantes, mais ne changèrent pas leur ligne de conduite, les Anglais surtout.

Ceux-ci ont, à un degré considérable, le préjugé de la couleur que l'on ne trouve guère chez les races latines. Ils peuvent difficilement considérer les Hindous comme des égaux, encore moins comme des frères ; c'est pourquoi ils les traitent en vassaux, parfois même en esclaves. Souvent ce n'est pas mauvais vouloir : c'est préjugé de race. Je connais, cités par des témoins oculaires français, bien des exemples du dédain ou de la dureté témoignée à ces frères de couleur sombre.

Annie Besant ne réussit pas à modifier cet état

de choses. Aussi, après avoir vainement essayé par la douceur, par la persuasion, d'établir un lien entre Anglais et Hindous... et surtout de faire apprécier par l'Angleterre, l'Inde et son peuple à leur juste valeur, elle changea de politique, employant la force et l'audace. Elle jugeait l'heure venue qui devait transformer la destinée de l'Inde. Selon elle, ce destin était lié à la fortune de la Grande-Bretagne. Il ne fallait pas séparer l'Inde de l'Angleterre, toutes deux se complétant l'une l'autre; l'Inde devait rester loyale et fidèle, mais marcher le front haut, et non plus courbée comme une vassale, comme une esclave. Elle devait être considérée l'égale des nations qui, sous la protection de l'Angleterre, possédaient leur autonomie.

Annie Besant réclamait donc l'autonomie de l'Inde...

A cet effet, elle fit partout des conférences publiques, elle fonda un journal, *Wake up India!* Ses écrits, sa parole vibrante, chaleureuse, indignée, secoua l'apathie des Hindous, chez lesquels elle voulait réveiller la conscience nationale,... sans les pousser néanmoins à la révolte contre leur suzeraine. Elle secoua aussi les Anglais... mais d'une manière plus désagréable...

Il me semble que nous, Théosophes français, nous pouvons juger ce différend avec une grande impartialité : Comme Théosophes, nous devons une gratitude immense à notre Présidente qui nous a apporté tant de lumières et de bénédictions; comme Français, une profonde reconnaissance à la noble Nation qui n'a pas hésité à se ranger de notre côté, pour nous donner son appui, pour combattre avec nous « le bon combat ».

Mettons-nous à la place de nos alliés. Luttant sur les champs de bataille de la Somme, dans la guerre sous-marine, engagés dans le plus terrible drame qui se soit jamais joué dans le monde; de plus, ayant à vaincre des difficultés d'ordre intérieur, à pacifier l'Irlande rebelle, à déjouer mille complots contre la sécurité nationale, la campagne d'Annie Besant en faveur de l'Inde ne devait pas leur plaire... surtout à l'heure actuelle. Aussi la plupart d'entre eux furent tentés de considérer la Présidente de la Société Théosophique comme une révolutionnaire ou comme une intrigante. Ils la jugèrent fort gênante et combattirent sans ménagements sa politique.

A leur point de vue, sans doute, avaient-ils raison, et nous pouvons les comprendre si nous jugeons les choses, les événements et les individus comme le font les gens du monde ou les hommes politiques.

Mais les conceptions de notre Présidente sont très différentes. Elle voit plus juste et plus loin que nous... Sans doute elle n'est pas infaillible sur le Plan physique — et combien elle l'a répété! — car son cerveau, si merveilleux soit-il, la limite et l'entrave. Mais elle possède néanmoins la vision claire et pénétrante d'une initiée... Et nous la sentons guidée...

Ce qui nous semble d'une importance vitale peut la laisser indifférente; en revanche, un événement qui nous paraîtra d'ordre secondaire aura pour elle, parfois, une signification profonde.

Pour les chrétiens, la prise de Jérusalem a été un événement d'une haute portée,... un présage heureux. Pourquoi la libération de l'Inde recevant son autonomie, ne serait-elle pas un fait d'ordre occulte de première importance, un atout spirituel entre les mains de la Grande-Bretagne?...

Ne nous étonnons donc pas si Annie Besant reproche à celle-ci de ne pas appliquer à l'Inde les principes pour lesquels elle combat en Europe.

L'Inde, berceau de la race aryenne ; l'Inde avec son passé de grandeurs et de gloires intellectuelles, de richesses spirituelles; l'Inde ressuscitant pour prendre sa place de nation, ne serait-ce pas le présage d'une grande espérance?

*
* *

Revenons à la froide réalité. En juillet 1917, le mécontentement des Anglais arriva à son paroxysme. Le gouverneur de Madras intima à notre Présidente l'ordre de cesser toute propagande. Il ne lui fut plus permis de parler en faveur de l'Inde, d'écrire ni de publier quoi que ce soit, et on la fit choisir entre trois districts pour y subir un internement avec deux autres de ses collaborateurs, M. Wadia, de la Société de Publications, et George Arundale, l'ancien principal du Hindou Central College.

Elle choisit Otacamund, résidence d'été située dans les montagnes Nilgiri, où le colonel Olcott possédait une petite maison.

Pour une femme qui n'avait vécu que pour servir l'humanité, cette inaction totale fut une cruelle épreuve. Sa santé en fut même altérée quelque temps, et l'un de ses amis, dans une lettre privée, la comparait justement à un lion en cage.

Cependant, des protestations se firent entendre au Parlement, en sa faveur, et finalement, en septembre, elle fut libérée sans conditions et put revenir à Adyar.

Ce fut un retour triomphal que le sien, une odyssée dont on ne peut avoir aucune idée. Des foules immenses se pressaient sur son passage, lui faisant un cortège qui grandissait toujours. Elle traversa ainsi, acclamée par des populations délirantes, des villes et des villages parés comme pour la descente d'une déesse. Des fleurs étaient semées sous ses pas. A Bombay, des girandoles d'objets précieux se balançaient au travers des maisons et des pierres précieuses, des perles fines furent lancées sur son chemin. C'était une ovation continue : l'expression d'une gratitude enthousiaste pour la grande amie de l'Inde...

Et l'accueil qui lui fut fait, dans sa résidence d'Adyar, fut digne de cette épopée.

Peu après, Annie Besant fut nommée Présidente du Congrès national hindou. En décembre 1917, elle fit, à Calcutta, un discours admirable, le discours d'un véritable homme d'État. J'en cite quelques passages ici :

« Comme l'a vraiment dit Mazzini : « Dieu a « écrit une ligne de Sa pensée au-dessus du ber- « ceau de chaque peuple. Cela, c'est sa mission « spéciale; elle ne peut être détournée, elle doit « se développer librement... »

« Car, qu'est-ce qu'une nation ? C'est une étincelle du Feu divin, un fragment de la Vie divine, insufflé dans le monde et réunissant une masse d'individus, hommes, femmes, enfants, liés étroitement en une unité ! Ses qualités, ses pouvoirs, en un mot son type, dépendent du fragment de la Vie divine incorporée en elle, la Vie qui la forme, qui développe son évolution, la colore, la fait unique. La magie de la nationalité est le sentiment d'unité; la fonction de la nation est de servir le monde suivant la ligne particulière qui lui est propre. Ceci est ce que Mazzini appelait « sa mission spéciale », le devoir qui lui a été donné par Dieu à l'heure de sa naissance. Ainsi, l'Inde eut la mission de répandre l'idée de Dharma (devoir), la Perse celle de Pureté, l'Égypte celle de Science, la Grèce celle de Beauté, Rome celle de Loi. Mais, pour s'acquitter entièrement de sa mission envers l'humanité, la nation doit se développer suivant sa propre ligne, se diriger dans son évolution. Elle doit être *elle-même* et non *une autre*. Le monde entier souffre quand une nationalité est violentée ou supprimée avant que sa mission soit accomplie.

« C'est pourquoi, quand une nation réclame la liberté et l'autonomie, ce n'est pas simplement une réclamation égoïste, une demande de plus de droits afin de jouir de plus de bonheur. Et, en cela, du reste, il n'y aurait rien de mal, car le bonheur signifie plénitude de vie, et la jouissance d'une telle plénitude est une juste revendication. Mais la demande d'un libre gouvernement a pour but l'évolution de sa propre nature, dans le but de servir l'humanité. C'est une aspiration issue de la spiritualité la plus profonde; c'est une expression du désir ardent d'offrir le meilleur de soi-même au monde. C'est pourquoi les dangers ne peuvent l'arrêter, ni les menaces l'épouvanter, ni l'offre des plus grands avantages la leurrer et lui faire abandonner sa demande de liberté. »

Et, empruntant les paroles des Écritures chrétiennes, elle s'écrie passionnément : « A « quoi sert à une nation de gagner l'Univers, si « elle vient à perdre son âme? Que peut être « donné à une nation en échange de son âme? Plutôt misère et liberté, que richesse et servitude. Voilà l'esprit du mouvement pour *le Home Rule* et c'est pourquoi il ne peut être anéanti, il ne peut être détruit, il est éternel et toujours jeune. »

Ailleurs elle dit encore : « La nouvelle civilisation, faite de droiture, de justice, et, par conséquent de fraternité, de liberté organisée, de paix, de bonheur, ne peut être édifiée avant que les causes qui ont fait craquer la vieille civilisation soient détruites. Voilà pourquoi il est nécessaire que la lutte soit poursuivie jusqu'au bout et que nulle paix prématurée ne laisse son but inachevé. Autocratie et fonctionnarisme doivent périr définitivement en Orient et en Occident, et, pour que leurs germes ne puissent renaître dans l'avenir, leur prestige doit être aboli dans la pensée humaine. Il faut que la preuve soit faite de leur infériorité en face du Gouvernement des Peuples libres — même dans leur jeu favori, la guerre — et le mécanisme de fer qui leur a apporté tout d'abord prospérité et succès, doit apparaître comme moins durable, moins efficace que les organisations flexibles et vivantes des démocraties. Il faut que, devant le monde, la preuve soit faite de leur faillite afin que la magie de leurs triomphes superficiels soit conjurée à jamais.

« L'autocratie et le fonctionnarisme ont eu leur temps et leur place dans l'évolution où ils ont rempli leur tâche éducatrice ; ils sont maintenant surannés, incapables de survivre et doivent s'évanouir pour toujours. »

*
* *

Le 1er octobre 1917, Annie Besant atteignait l'âge de soixante-dix ans... Elle attend, elle espère entendre, dans ce corps qui l'a si bien servie, la proclamation qui fera de l'Inde une nation libre sous la protection de l'Angleterre. Ce sera la récompense, la suprême joie de son existence de labeur et de renoncements.

*
* *

En traçant cet abrégé de la vie de notre Présidente j'ai eu la légitime ambition de faire connaître cette âme, de la faire aimer et respecter par ceux qui me liront. C'est la vie d'une femme grande entre toutes, par ses hautes capacités morales, intellectuelles, spirituelles, grande entre toutes par son amour de la vérité, sa loyauté impeccable, la sincérité de son désintéressement ; c'est la vie d'une femme qui a servi l'humanité sans relâche, qui la servira jusqu'à son dernier jour. C'est la vie d'une Initiée...

*
* *

On nous enseigne que trois sentiers conduisent l'Humanité vers le But suprême : Gnâna Marga, le sentier de la connaissance, Bhakti Marga, le sentier de l'amour ou de la dévotion, Karma Marga, le sentier de l'action (1). — Distincts à leur origine ils se fondent, pour ainsi dire, les uns dans les autres au terme de l'Évolution humaine. Les grandes âmes qui sont proches du sommet ont, durant leur long pèlerinage, récolté les caractéristiques principales de ces trois sentiers, mais elles ont néanmoins conservé et conserveront toujours l'empreinte spéciale de celui qu'elles ont foulé, dès leur premier stade d'évolution.

(1) Voici l'expression parfaite de chacun de ces sentiers : celui de la Connaissance produit le sage; celui de la Dévotion, le saint; celui de l'Action, le héros et le martyr.

Dans la période de sa jeunesse mystique et contemplative, comme dans sa carrière théosophique où, durant tant d'années, elle donna par la plume et par la parole les enseignements de la Sagesse Divine, Annie Besant nous fait voir les deux premiers aspects.

Mais celui qu'elle nous montre aujourd'hui — qu'elle révéla déjà dans la fougueuse période de sa vie sociale — celui-là appartient au sentier de l'action. Or, le sentier des héros, le sentier des martyrs, c'est le sien, indubitablement.

Que l'on prenne son dernier portrait, l'on sera frappé de cette stature énergique, de ce front labouré par la pensée, de ce regard d'une profondeur saisissante. Le Théosophe la reconnaîtra comme étant de la lignée royale des Manous, de Ceux qui fondent des civilisations, qui s'occupent de l'évolution des Races, qui tiennent les rênes de la Politique entre leurs mains puissantes. Son présent dévoile son avenir.

La ligne de l'instructeur, elle l'a suivie, pendant bien des années de sa carrière théosophique, car seule alors elle pouvait prendre la direction intellectuelle et spirituelle de notre Mouvement..., mais sa ligne véritable est celle des conducteurs d'hommes.

On nous dit que nous sommes tous solidaires. Un seul être humain qui fait un pas de géant dans son évolution individuelle entraîne avec lui l'humanité tout entière. Songeons à ce qu'*une vie*, comme celle d'Annie Besant, aura fait progresser de milliers d'hommes.

Et cependant, sur le tombeau qu'on lui élèvera, après son départ de notre monde, elle n'a demandé que cette simple épitaphe : *Elle a cherché la Vérité.*

On pourrait y ajouter celle-ci : *Elle a servi l'Humanité.*

OUVRAGES DE Mme ANNIE BESANT

An Autobiography, ed. Theos. publish. House, Upper Woburn Street, London.

TRADUIT EN FRANÇAIS :

Petites Brochures.

La Science moderne et l'Être superconscient . . . o fr. 50
La Nécessité de la Réincarnation. . . . . o fr. 60
La Vie spirituelle à la portée de l'homme du monde. o fr. 35
La Théosophie et son œuvre dans le monde. . . o fr. 35
Pourquoi je suis devenue théosophe. . . . . . . o fr. 90
La Nature du Christ. . . . . o fr. 90
Une Introduction à la Théosophie. . . . . . . o fr. 35
La Fin d'un Cycle . . . . o fr. 35
Les Messagers de la Loge Blanche. . . . . o fr. 35
L'Ère d'un nouveau Cycle. . . . . o fr. 60
Le Sentier des Initiés. . . . . o fr. 35
L'Évolution de notre Race . . . . o fr. 35
La Résurrection du corps. . . . . »
La Réincarnation et les Problèmes sociaux. . . . . o fr. 35
Étude sur le Karma. . . . . o fr. 35
Le Message de Giordano Bruno au Monde moderne. o fr. 35

Livres :

La Vie occulte de l'homme. . . . . 2 fr. 40
Les Maîtres. . . . . 1 fr. 25
Réincarnation. . . . . 1 fr. 25
Karma. 1 fr. 25
L'Homme et ses corps. . . . . 1 fr. 80

Le Dharma . . . . 1 fr. 25
La Mort et l'au-delà . . . . 1 fr. 80
Les Lois fondamentales de la Théosophie. . . . . 1 fr. 80
La Sagesse antique . . . . 8 fr. »
Les Maîtres et l'Œuvre théosophique . . . . . . 3 fr. 60
Le Pouvoir de la Pensée. . . . . 1 fr. 80
Le Christianisme ésotérique. . . . . 4 fr. 80
Des Religions pratiquées actuellement dans l'Inde. . 6 fr. »
L'Évolution de la Vie et de la Forme . . . . . . 3 fr. »
La Construction de l'Univers . . . . 1 fr. 80
La Généalogie de l'homme . . . . 3 fr. »
Étude sur la Conscience. . . . . 4 fr. 55
Introduction à la Yoga. . . . . 2 fr. 40
Mélanges théosophiques . . . . 2 fr. 40
Le Monde de demain . . . . 3 fr. 60
H. P. Blavatsky et les Maîtres de Sagesse. . . . . 1 fr. 80
Précis de Religion et de Morale . . . . 2 fr. »
Vers l'Initiation. . . . . 3 fr. 15
Le Soi et ses enveloppes (*épuisé*). . . . . »

∴

En collaboration avec C. W. Leadbeater :

L'Homme : d'où il vient, où il va. . . . . 13 fr. 50
Les Formes-Pensée (*épuisé*). . . . . »

Ouvrages d'éthique :

Le Sentier du Disciple. . . . . 2 fr. 40
Vers le Temple . . . . 2 fr. 40
Les trois Sentiers . . . . 1 fr. 25

En vente, 81, rue Dareau, et au Siège de la Société Théosophique, 4, square Rapp, VIIe arr.

4458. — Tours, imprimerie E. Arrault et Cie

www.ingramcontent.com/pod-product-compliance
Ingram Content Group UK Ltd.
Pitfield, Milton Keynes, MK11 3LW, UK
UKHW051022210726
13857UKWH00007B/1228

9 782012 849327